KLEINE
WIRTSCHAFTS-
GESCHICHTE
VON
NORDRHEIN-
WESTFALEN

VON
MUSTERKNABEN
UND
SORGENKINDERN

SUSANNE HILGER

KLEINE WIRTSCHAFTS- GESCHICHTE VON NORDRHEIN- WESTFALEN

VON MUSTERKNABEN UND SORGENKINDERN

GREVEN VERLAG KÖLN

Liebe Leserin! Lieber Leser!

Die Landeszentrale für politische Bildung Nordrhein-Westfalen fördert die politisch bildende
Literatur, indem sie entsprechende Buchprojekte
initiiert, sie konzeptionell und redaktionell begleitet
und finanziell unterstützt. Auch dieses Buch ist mit
maßgeblicher Beteiligung der Landeszentrale
entstanden.

**demokratie
leben**
Landeszentrale
für politische Bildung
Nordrhein-Westfalen

© Greven Verlag Köln GmbH 2012
Lektorat: Jan Motte, Köln
Gestaltung: Thomas Neuhaus, Billerbeck
Satz: Thomas Volmert, Köln
Gesetzt aus der Concorde
Druck und Bindung: CPI – Clausen und Bosse, Leck
Alle Rechte vorbehalten
ISBN 978-3-7743-0498-7

Detaillierte Informationen über alle unsere Bücher finden Sie unter:
www.Greven-Verlag.de

Inhalt

Vorwort

D er „Imperativ der Veränderung" ist eine der verläss-
lichsten Konstanten wirtschaftlicher Entwicklung.
„Wirtschaft ist Wandel", doch in diesem Transformationsprozess schneidet Nordrhein-Westfalen immer noch
schlecht ab. Die Bertelsmann-Stiftung sieht in ihrem Länder-
bericht für 2010 die wirtschaftliche Entwicklung des Landes nach wie vor durch „Altlasten" getrübt. Der historische
Rückblick zeigt demgegenüber, dass Nordrhein-Westfalens
Wirtschaft bereits seit Langem einem kontinuierlichen Wandel unterworfen ist. Dieser erfasste nicht nur die industriellen Hochburgen an der Ruhr, sondern auch die ländlichen
Gebiete, etwa im Münsterland, oder mittelständisch geprägte
Gewerberegionen in Ostwestfalen, am Niederrhein oder im
Bergischen Land.

Anlass genug, den Prozess des wirtschaftlichen Wandels
aus größerer zeitlicher Distanz zu betrachten. Ist der Strukturwandel in Nordrhein-Westfalen nun eigentlich bewältigt
oder gescheitert? Wer sind die gestaltenden Akteure? Welche Sektoren, welche Regionen haben die Herausforderung
angenommen? Welches sind die „Zukunftstechnologien",
die Wachstum und Beschäftigung generieren und damit die
hochgesteckten Erwartungen als Hoffnungsträger erfüllen?
Wo lassen sich die „Musterknaben" und auch die „Sorgenkinder" ausmachen, die die Entwicklung vorangetrieben oder

auch behindert haben? Und wie sollte mit dem industriellen Erbe der Vergangenheit umgegangen werden?

Die Wirtschaftsgeschichte Nordrhein-Westfalens handelt, wie jede Geschichte, von Gewinnern und Verlierern. Doch wie der Titel des Buchs andeutet, beschäftigt sich der Band nicht nur mit Verlusten und Versäumnissen, sondern auch mit den Chancen wirtschaftlicher Transformation. Er schlägt damit einen Bogen zwischen „gestern" und „morgen". Und er richtet den Fokus auf die Akteure der Wirtschaft, die auf der Grundlage von Kreativität und Schöpfergeist die gegebenen Rahmenbedingungen ausschöpfen. Seine Entstehung verdankt dieses Buch der anregenden Arbeitsatmosphäre in der nordrhein-westfälischen Landeshauptstadt Düsseldorf. Nicht umsonst ist der einstige „Schreibtisch des Ruhrgebiets" heute als internationale Drehscheibe für Handel und moderne Dienstleistungen eine erste Adresse als Unternehmensstandort für neue und alte Branchen. Und an der Düsseldorfer Heinrich-Heine-Universität liefen die Fäden für die erste Wirtschaftsgeschichte des Landes Nordrhein-Westfalen zusammen, deren Zustandekommen mehr als überfällig erscheint: Kontakte zu Archiven und Museen; Gespräche mit Kolleginnen und Kollegen aus Wissenschaft und Forschung und den Studierenden der Wirtschaftsgeschichte und den Hörerinnen und Hörern der Vorlesungen „Nicht nur Zechen und Schlote" sowie „Wirtschafts- und Kulturgeschichte des Ruhrgebiets" in den Sommersemestern 2010 und 2011; Gespräche mit Unternehmern, Managern und Mitarbeitern führender Konzerne wie auch mittelständischer Betriebe, den *Global Players* und *Hidden Champions* aus Nordrhein-Westfalen, sowie Vertretern der Kammern, Verbände und Institutionen der Wirtschaft: Sie sorgten für einen fruchtbaren Austausch zwischen wissenschaftlicher Forschung und wirtschaftlicher

Praxis. Als „kleine" Wirtschaftsgeschichte des Landes Nordrhein-Westfalen erhebt der Band keinen Anspruch auf Vollständigkeit, sondern strebt eine erste Synthese an.

Dank gebührt dem Team der Abteilung für Wirtschaftsgeschichte an der Heinrich-Heine-Universität: Ulrich Nocken, der das Manuskript kritisch gelesen hat, sowie Nina Kleinöder, die unermüdlich recherchiert, Informationen akribisch aufbereitet sowie redaktionell betreut hat, und Justus Lammers, der das statistische Datenmaterial in übersichtliche Grafiken verwandelt hat. Damian van Melis vom Greven Verlag Köln hat das Projekt mit professionellem Engagement betreut. Andreas Kost danke ich für die Aufnahme in das Publikationsangebot der Landeszentrale für politische Bildung.

Ihnen allen sei herzlich gedankt.

Susanne Hilger

Kapitel 1
„Wirtschaft schafft Raum" – Rheinland und Westfalen als Wirtschaftsstandorte seit dem 19. Jahrhundert

T rotz „Zechensterben" und Stahlkrise gilt Nordrhein-Westfalen immer noch als das „industrielle Herz" Europas. Im Hinblick auf seine Bevölkerungszahl wie auch auf seine Wirtschaftsleistung rangiert das Bundesland, in staatlichen Kategorien gesprochen, gegenwärtig an achter Stelle in der Europäischen Union.[1] Lange gleichgesetzt mit dem Ruhrgebiet, der „Industrielandschaft aus Kohle und Stahl", offenbart es bei genauerem Hinsehen eine wirtschaftliche Vielfalt, die Schlüsselthemen der vergangenen 60 Jahre wie in einem Brennglas abbildet. Dazu gehören etwa der Strukturwandel von der Agrar- zur Industrie- oder auch zur sogenannten Dienstleistungsgesellschaft ebenso wie die Frage nach den „Gewinnern" und „Verlierern" dieser Transformationsprozesse. „NRW jenseits der Kohle", das sind „alte" und „neue Industrien", das sind Großkonzerne ebenso wie kleine und mittlere Unternehmen (KMU), also der Mittelstand, die

---

1 Vgl. *Heinz-Jürgen Axt*, Wirtschaft, in: Alemann, Ulrich von (Hrsg.), Handbuch Europa in Nordrhein-Westfalen. Wiesbaden 2010, S. 351–443, hier S. 352; „Datenbank Europa in NRW", URL: <http://fine.phil-fak.uni-duesseldorf.de/datenbank/index.php?action=einfuehrung&einfuehrung_kap=3> [letzter Zugriff: 27.05.2010].

in „entlegenen Landschaften" ebenso wie in der „großen weiten Welt" zu Hause sind.

Wie prägt wirtschaftlicher Wandel die Kultur einer Region? Wer sind die gestaltenden Akteure? Wo lassen sich „Musterknaben" und auch „Sorgenkinder" ausmachen, also Persönlichkeiten und Bereiche, die in der Öffentlichkeit oder in der historischen Bewertung besonders wahrgenommen wurden? Welche neuen Horizonte eröffnen sich für „alte" Industriestandorte, für ländliche Gebiete und für die neu ausgerufenen „Metropolregionen" an Rhein und Ruhr? Und wie nehmen die Menschen diese Veränderungen wahr? Fragen wie diese bewegen die Wirtschaftsgeschichte Nordrhein-Westfalens seit mehr als sechs Jahrzehnten.[2]

Dabei war das Zusammenwachsen der beiden Landesteile, das in der formellen Gründung des Bundeslandes 1946 seinen Abschluss fand, auf wirtschaftlicher Ebene bereits vor der Mitte des 20. Jahrhunderts weit vorangeschritten. Schließlich gehörten das Rheinland und Westfalen bereits am Ende des 19. Jahrhunderts neben Oberschlesien und Sachsen zu den Gebieten mit der höchsten Gewerbedichte in Deutschland. Und es waren Unternehmer und Arbeitnehmer wie auch die Vertreter von Staat, Verwaltungsbezirken und Gemeinden, die die Entwicklung zu einem modernen Wirtschaftsstandort Rheinland-Westfalen bereits im 19. Jahrhundert auf den Weg brachten.

Als jedoch die britische Besatzungsmacht 1946 unter dem Druck der Nachkriegsverhältnisse in einem Verwaltungsakt die *Operation Marriage* verfügte und damit aus den preußischen Verwaltungsbezirken Nord-Rhein, Westfalen und

---

2   Vgl. *Hans Heinrich Blotevogel*, Regionalbewusstsein und Landesidentität am Beispiel von Nordrhein-Westfalen. Duisburg 2001.

ein Jahr später auch Lippe-Detmold das Bundesland Nordrhein-Westfalen schuf,[3] drängte sich vor allem eine Frage auf: „Rheinländer und Westfalen – geht das überhaupt zusammen?" Denn neben den geografischen Grenzen schienen Rheinländer und Westfalen vor allem durch kulturelle Unterschiede in Konfession und Mentalität getrennt. „Es ist furchtbar, aber es geht", so beschrieben denn auch die beiden Kabarettisten Jürgen Becker und Rüdiger Hoffmann das tägliche Miteinander im „Bindestrichland NRW".[4]

Ein Blick in die Wirtschaftsgeschichte des Landes kann also zeigen, dass das Zusammenwachsen der beiden Landesteile schon früh einsetzte. Mit Blick auf die räumliche Annäherung des Rheinlands und Westfalens im 19. Jahrhundert kommt den ökonomischen Strukturen wie auch unternehmerischen Initiativen eine herausragende Bedeutung zu. So übernahm gerade das Wirtschaftsbürgertum im Rheinland und in Westfalen, begünstigt vom administrativ-institutionellen Ordnungsrahmen der preußischen Ära, als Delegierte und Mandatsträger in Landtagen und Stadträten, Kammern, Verbänden und Vereinen eine Scharnierfunktion bei der Ausgestaltung eines einheitlichen Wirtschaftsraums.[5]

---

3 Vgl. *Ulrich von Alemann/Patrick Brandenburg*, Nordrhein-Westfalen. Ein Land entdeckt sich neu. (Schriften zur politischen Landeskunde Nordrhein-Westfalens, 13) Köln 2000, S. 24.

4 *Jürgen Becker/Rüdiger Hoffmann*, Es ist furchtbar, aber es geht, Köln 1997.

5 Vgl. u. a. *Hans-Joachim Behr*, Rheinland, Westfalen und Preußen in ihrem gegenseitigen Verhältnis 1815–1945, in: Westfälische Zeitschrift 133, 1983, S. 37–56, hier S. 42–47; *Karl Ditt/Klaus Tenfelde*, Raumgliederung und Raumbewusstsein in Nordrhein-Westfalen: Fragestellungen und Diskussionspunkte, in: Ditt, Karl (Hrsg.), Das Ruhrgebiet in Rheinland und Westfalen. Koexistenz und Konkurrenz des Raumbewusstseins im 19. und 20. Jahrhundert. (Forschungen zur Regionalgeschichte, 57) Paderborn 2007, S. 3–16.

Zudem schuf die Industrialisierung Strukturen (ökonomisch, gesellschaftlich wie auch kulturell), die die Entstehung eines rheinisch-westfälischen Industriegebiets begünstigten.[6] Denn nur so wuchsen traditionsreiche Gewerberegionen in einen größeren räumlichen Zusammenhang hinein, der nicht mehr in erster Linie Trennendes betonte, sondern Verbindendes herausstellte. Vor allem die Deckung des ökonomischen Bedarfs, der Austausch und Kooperation notwendig machte, gab dafür den Ausschlag. Daher prägten der Transfer von Rohstoffen, Gütern, Arbeitskräften, Know-how und Kapital sowie Verkehrsverflechtungen und institutionelle Netzwerke wie Verbände und Vereine die vielfältigen Austauschbeziehungen zwischen den Gewerbe- und Agrarlandschaften des Rheinlands und Westfalens. Aus der ‚Vogelperspektive' des Historikers trieben somit ökonomische Aktivitäten den Annäherungsprozess der beiden Landesteile seit Jahrhunderten voran, sodass die Prämisse „Wirtschaft schafft Raum" angesichts der langen Vorgeschichte des „Bindestrichlandes NRW" im 19. Jahrhundert nachvollziehbar erscheint.

Anselm Doering-Manteuffel und Lutz Raphael haben den Begriff des „Strukturbruchs" als Bezeichnung für den politischen und institutionellen „Bedeutungsrückgang" der Zeit „nach dem Boom" in die zeithistorische Diskussion eingebracht. Die Annahme eines Bruchs, der die Industriegesellschaften Europas demzufolge seit den 1970er Jahren erschüttert haben soll, ist aus wirtschaftshistorischer Perspektive betrachtet jedoch wenig überzeugend.[7] Der Wirtschaftshisto-

---

6 Vgl. *Christoph Nonn*, Geschichte Nordrhein-Westfalens. München 2009, S. 50.
7 Vgl. *Anselm Doering-Manteuffel/Lutz Raphael*, Nach dem Boom. Perspektiven auf die Zeitgeschichte seit 1970. Göttingen 2008, S. 12 f.

riker wird sich mit diesem Bild nicht recht anfreunden können. Denn die ökonomischen Veränderungsprozesse sind weniger durch abrupte Brüche als durch allmähliche Transformationen gekennzeichnet, die in ihren Ursprüngen und Auswirkungen teilweise einen erheblichen zeitlichen Vorlauf haben. Dies dokumentiert auch die Wirtschaftsgeschichte von Nordrhein-Westfalen, die im Folgenden in ihrer nunmehr 200-jährigen Genese betrachtet werden soll.

1 Landschaften, Territorien und Institutionen am Vorabend der Industrialisierung

Bis zur Gründung der beiden preußischen Provinzen Rheinland und Westfalen 1815 fand sich auf dem Gebiet des späteren Nordrhein-Westfalen noch eine Vielzahl kleiner und kleinster Herrschaften. Daher bedeuteten die territorialen „Flurbereinigungen" der nachnapoleonischen Zeit einen wichtigen Schritt auf dem Weg zu dem späteren „Bindestrichland". Denn die seither voranschreitende Vereinheitlichung der Verwaltungs- und Rechtsordnung und die Integration des Wirtschaftssystems schufen die Voraussetzungen für den entstehenden Wirtschaftsraum. Der formale Zuschnitt mit der Einteilung in die Regierungsbezirke Münster, Arnsberg, Minden, Trier, Koblenz, Köln, Aachen und Düsseldorf sollte dabei bis zur Gründung des Bundeslandes Nordrhein-Westfalen im Jahr 1946 Bestand haben.[8]

---

8   Vgl. *Wilhelm Ribhegge*, Preußen im Westen. Kampf um den Parlamentarismus in Rheinland und Westfalen 1789–1947. Münster 2008, S. 61.

Die Geschichte des Rheinlands und Westfalens im 19. Jahrhundert beschreibt somit den Prozess einer räumlichen Annäherung auf der Grundlage komplementärer Wirtschaftsinteressen. Dabei gilt eine funktionierende Verwaltung als wesentliche Voraussetzung für eine räumliche Integration. Historiker betonen zu Recht den vereinheitlichenden Charakter der preußischen Verwaltungsstrukturen. Und auch ihre Auswirkungen auf die wirtschaftliche Ordnung können kaum überschätzt werden. Die Abschaffung von Binnenzöllen, die Bauernbefreiung und die Einführung der Handels- und Gewerbefreiheit, die die preußische Landesregierung nach französischem Vorbild seit Beginn des 19. Jahrhunderts auf den Weg brachte, sollten Meilensteine auf dem Weg zu einer modernen Wirtschaftsordnung darstellen. Richtungweisend wirkten dabei Maßnahmen wie das Preußische Zollgesetz von 1818, das die bis dahin bestehenden innerpreußischen Zolltarife aufhob, oder das preußische Münzgesetz von 1821, das den Taler als Einheitswährung auf preußischem Gebiet einführte.

Zudem übernahm Preußen von den Franzosen Einrichtungen wie die Handelskammern *(Chambres de Commerce)* als Selbstverwaltungsorgane der Wirtschaft oder den *Crédit mobilier*, der die Beschaffung von Investitionskapital, etwa durch die Gründung von Aktiengesellschaften, erleichterte. Ebenso wie der Ausbau des Verkehrswesens wirkten sie sich förderlich auf die Entwicklung der regionalen Wirtschaft aus und erschlossen dem Gewerbe neue Absatzmärkte, die provinzübergreifend für erhebliche ökonomische Schubkraft sorgten. Die integrierte Wirtschaftsordnung liberalen Zuschnitts und die damit verbundene direkte und indirekte Förderung von Marktwirtschaft und freiem Unternehmertum bereiteten in den ersten Jahrzehnten des 19. Jahrhunderts den

Weg für die Industrialisierung der westlichen Provinzen. Und sie bildeten eine der wichtigsten Klammern zwischen den beiden Landesteilen Rheinland und Westfalen.

2 Eisen und Kohle – Die Leitsektoren der Industrialisierung

Im Wechselspiel topografischer Gegebenheiten (wie Flüsse oder Gebirgszüge) und wirtschaftlicher Standortfaktoren wie Bodenbeschaffenheit und Rohstoffvorkommen (Erz- und Salzlagerstätten, Braunkohle- und Steinkohlevorkommen), Bevölkerungs- und Infrastruktur hatten sich im Rheinland und in Westfalen seit Jahrhunderten spezifische wirtschaftliche Bedingungen ausgebildet.

Der Ackerbau florierte auf den fruchtbaren Böden des Niederrheins, des Münsterlandes und der Soester Börde; Handelszentren wie Dortmund, Köln und Münster profitierten von der überregionalen Verkehrsanbindung an den Hellweg oder den Rhein. Mühlen und Eisenhämmer gründeten an den Flussläufen der Mittelgebirgstäler östlich und westlich des Rheins und Eisenerz- und Kohlenabbau fand sich entlang der Lagerstätten nördlich und südlich der Ruhr, im Siegerland, in der Eifel und der Ville.[9]

Der rheinisch-westfälische Wirtschaftsraum (Abbildung 1) barg zudem eine Vielzahl traditionsreicher Wirtschaftsregionen wie das Aachener Tuchrevier, den niederrheinischen und den ostwestfälischen Textilgürtel, das Bergische und Märkische Land mit ihren bedeutenden Standorten der Metall- und Textilverarbeitung im Raum Iserlohn-Altena-Hagen,

---

9   Vgl. *Nonn*, 2009 (wie Anm. 6), S. 30–34.

Abbildung 1: Regionen, Wirtschaftsräume und Landschaften in Nordrhein-Westfalen (schematische Darstellung; Grafik: Dirk Gebhardt)
Quelle: Hans Heinrich Blotevogel/Herbert Reiners, Bevölkerungsentwicklung 1837–1970 in den Gemeinden. Hannover 1978, S. 19.

Remscheid oder Wuppertal, das Siegerländer oder das Eifel-Aachen-Stolberger Montanrevier und die Münsterländer Textil- und Agrarlandschaft. Demgegenüber mag es überraschen, dass dem Ruhrgebiet, als dem künftigen hochindustriellen Zentrum des Reichs, bis weit in die erste Hälfte des 19. Jahrhunderts hinein eine untergeordnete Bedeutung zukam.

Im Zentrum europäischer Handelsnetze gelegen, hatte die Verfügbarkeit von Arbeitskräften, Kapital und unternehmeri-

19

scher Initiative die Entwicklung der beiden Regionen begünstigt. Insbesondere förderte auch die Nähe zu den westeuropäischen Nachbarstaaten Modernität und Anschlussfähigkeit der
westlichen Landesteile Preußen-Deutschlands. Die Nieder-
lande etwa fungierten nicht zuletzt durch verwandtschaftliche
und konfessionelle Verflechtung als traditionelles Hinterland
und auch als wirtschaftliches Vorbild. Belgien und England
teilten sich die impulsgebende Vermittlerrolle von techni-
schem Know-how und Kapital, während Frankreich, etwa
durch die Rechtstradition von *Code Napoléon* und *Code de
Commerce*, die erwähnten rechtlichen Grundlagen des modernen Kapitalismus lieferte.

Doch darf bei aller Entwicklungsdynamik und technischer
Faszination des Industrialisierungsprozesses nicht vergessen
werden, dass große Teile des Rheinlands und Westfalens bis
weit ins 20. Jahrhundert hinein agrarisch geprägt blieben und
so zum Schauplatz eines einzigartigen Transformationspro-
zesses wurden. Allerdings konnten nicht alle Regionen gleichermaßen bei der Umstellung auf industrielle Fertigungsme-
thoden mithalten. Kontinuität, Wandel, aber auch Niedergang
prägten daher die Entwicklung einzelner Gewerbezweige und
-regionen. Die Modernisierung des Gewerbes gelang vor allem
dort, wo, wie beispielsweise im Wuppertal, ausreichend Kapital, Know-how und eine entsprechende unternehmerische
Initiative wie auch Verkehrsinfrastruktur gegeben waren.

Als im Laufe des 19. Jahrhunderts die Montanindustrie
zunehmend das Textilgewerbe als Jahrhunderte alten ökonomischen Leitsektor ablöste, wurden mit der Hochindust-
rialisierung die Karten neu gemischt. Als Leitsektor werden
aus gesamtwirtschaftlicher Perspektive jene Branchen und
Gewerbezweige bezeichnet, die einen hohen Anteil zur gesamtwirtschaftlichen Wertschöpfung beitragen und zudem,

dem Dominoprinzip vergleichbar, Koppelungseffekte an vor- und nachgelagerte Bereiche weitergeben. Während sich alte Gewerberegionen wie Elberfeld/Barmen/Solingen, der Aachen-Stolberger Raum, das Märkische Sauerland oder der linksrheinische Niederrhein erfolgreich industrialisierten und zudem neue monoindustriell geprägte Leitregionen wie das Ruhrgebiet entstanden, fielen andere in die Bedeutungslosigkeit zurück.[10]

Gerade der Süden und Südwesten des Rheinlands und Westfalens gilt aufgrund seiner metallgewerblichen Tradition im Siegerland, dem Bergischen Land und dem Märkischen Sauerland als „Pionierregion der Industrialisierung".[11] Eisenerzvorkommen, Holzkohlevorräte und Wasserkraft sorgten hier als optimale Standortvoraussetzungen für ein hoch spezialisiertes Eisengewerbe, das im modernen Sinne einer „Wertschöpfungskette" die einzelnen Produktionsschritte von der Eisenerzeugung bis hin zur Produktion von veredelten Gütern vereinte. Die Nachbarschaft der aufstrebenden Ruhrregion forcierte seit Mitte des 19. Jahrhunderts den Aufbau der weiterverarbeitenden Industrie, sodass sich bis heute hoch spezialisierte metallverarbeitende und Maschinenbau-Unternehmen in den traditionellen Eisenregionen wie dem Siegerland, dem Bergischen Land oder dem Märkischen Sauerland finden.[12] Das einst prosperierende Eisengewerbe

---

10 Vgl. *Gerold Ambrosius*, Weg im Industriezeitalter. Nordrhein-Westfälische Wirtschaftsregionen in historischer Perspektive, in: Goch, Stefan (Hrsg.), Strukturwandel und Strukturpolitik in Nordrhein-Westfalen. (Schriften zur politischen Landeskunde Nordrhein-Westfalens, 16) Münster 2004, S. 56–80.

11 *Ambrosius*, 2004 (wie Anm. 10), S. 64.

12 Vgl. *Dietmar Petzina*, Eine Industrieregion im Wandel – Siegerland, Wittgenstein und Südsauerland. Wirtschaftsgeschichte des Kammerbezirks Siegen seit dem Zweiten Weltkrieg. Siegen 1995.

der Eifel ereilte hingegen infolge der verkehrspolitischen und ökonomischen Wandlungsprozesse des 19. Jahrhunderts der Niedergang. Dies veranlasste ansässige Unternehmer, darunter prominente Namen wie Hoesch, Poensgen oder Henkel, zusammen mit Teilen ihrer Belegschaft zum Sprung über den Rhein, um in den verkehrstechnisch besser erschlossenen und gewerbereichen Regionen einen Neuanfang zu wagen.[13]

Das Ruhrtal, das im 20. Jahrhundert zu Europas führender „Boomregion" avancierte, verharrte dagegen bis zur Mitte des 19. Jahrhunderts in einem „Dornröschenschlaf". Zwar hatten sich seit dem Mittelalter dort ansässige Bauern als „Kohlengräber" betätigt, doch deutete lange Zeit wenig auf die spätere schwerindustrielle Schlüsselrolle der Region hin. Dies änderte sich erst, als in den 1840er Jahren mit dem Abbau der bedeutenden Steinkohlevorkommen die Geburtsstunde des späteren „Reviers" eingeläutet wurde. Dabei revolutionierte vor allem die Nutzung der Dampfmaschine den Kohlebergbau (Wasserhaltung), während die vornehmlich nach englischem Vorbild eingeführten neuen Methoden zur Eisen- und Stahlherstellung (Puddel-, Bessemer-, Thomasverfahren) in der zweiten Hälfte des 19. Jahrhunderts die Leistungsfähigkeit der Werke enorm steigerten. Die Bessemer-Birne verblies als neuartiges Konverter-Verfahren mit rund 300 t Roheisen Tagesleistung das Sechzigfache ihres Vorgängers, des Puddelofens.[14]

Ein zentrales Problem blieb indessen der massive Investitionsbedarf der Branche. Das preußische Aktiengesetz ver-

---

13 Vgl. *Sabine Doering-Manteuffel*, Die Eifel. Geschichte einer Landschaft. Frankfurt/Main u. a. 1995, S. 76–81 und S. 202–207.
14 Vgl. *Wolfhard Weber*, Entfaltung der Industriewirtschaft, in: Köllmann, Wolfgang/Abelshauser, Werner/Brüggemeier, Franz-Josef (Hrsg.), Das Ruhrgebiet im Industriezeitalter. Geschichte und Entwicklung. Bd. 1. Düsseldorf 1990, S. 199–336, hier S. 262.

einfachte darum 1843 die Aufnahme von Risikokapital durch die Gründung von Aktiengesellschaften. Ebenso beflügelte die Aufhebung des Direktionsprinzips, das 1865 die unmittelbare staatliche Einflussnahme auf den preußischen Bergbau beendete, die Entstehung hoch komplexer „Stahlriesen" an Rhein und Ruhr. Die damit begründete Konzentration auf den Investitionsgüterbereich sollte sich für die westdeutsche Wirtschaft weit über die beiden Weltkriege hinaus als prägend erweisen.

Die hoch diversifizierte Montanindustrie als neuer Leitsektor machte das Ruhrgebiet zum wichtigen wirtschaftsräumlichen Bindeglied zwischen dem Rheinland und Westfalen. Die Verflechtung der beiden Provinzen schritt seither so kontinuierlich voran, dass die Zeitgenossen bald wie selbstverständlich vom „rheinisch-westfälischen Industrierevier" sprachen und provinzübergreifende Einrichtungen wie etwa 1870 die „Königlich Rheinisch-Westphälische Polytechnische Schule", die spätere Rheinisch-Westfälische Technische Hochschule (RWTH), in Aachen ins Leben riefen.

3 Annäherung durch Mobilität

Straßen- und Wasserwege wie auch Schienenverbindungen trieben bereits im 19. Jahrhundert die verkehrstechnische Vernetzung der beiden Provinzen Rheinland und Westfalen voran. Dabei darf die Euphorie über das „Jahrhundertprojekt" der Eisenbahn nicht darüber hinwegtäuschen, dass sich im Rheinland und in Westfalen die Bemühungen zur Verbesserung der Verkehrsinfrastruktur zunächst auf den Straßenbau konzentriert hatten. Fast die Hälfte der nach 1815 angelegten preußischen Kunststraßen („Chausseen") entfiel auf die gewerbereichen Provinzen Rheinland und Westfalen und hatte bereits den systematischen Anschluss einzelner Gewerberegionen an ein größeres Verkehrsnetz zum Ziel. So wurde beispielsweise zur Rohstoffversorgung des Wuppertals die wichtige Verbindung nach Witten und Remscheid und unter Absatzgesichtspunkten die Anbindung an die Rheinhäfen von Düsseldorf und Duisburg forciert.

Durch die Schiffbarmachung auch kleinerer Nebenflüsse des Rheins wie der Ruhr oder der Lippe sowie, seit dem letzten Drittel des 19. Jahrhunderts, durch Kanalbauten wie den Dortmund-Ems-Kanal (in Verlängerung durch den Mittellandkanal als Anschluss zur Elbe), den Rhein-Herne-Kanal oder den Datteln-Hamm- bzw. den Wesel-Datteln-Kanal wuchs seit dem ausgehenden 19. Jahrhundert das System europäischer Wasserwege zusehends. Die Liberalisierung der Schifffahrt auf dem Rhein durch die Rheinschifffahrtsakte von 1831 und die Nutzung der Dampfkraft auf dem Wasser (das erste Dampfschiff hatte Köln bereits im Jahr 1816 passiert) hatten die Transportkapazitäten deutlich erhöht. Die Folge waren der Ausbau der Binnenhafenanlagen etwa in Düsseldorf und Duisburg wie auch die Verbreitung von Dampfschiff-Liniendiensten wie der „Preußisch-Rheinischen Dampfschifffahrtsgesellschaft" aus Köln von 1825 oder der konkurrierenden „Niederrheinischen Dampfschifffahrtsgesellschaft" aus Düsseldorf von 1846.[15]

Mehr noch als der Straßen- und Schiffstransport übte die Eisenbahn mit ihrer sprichwörtlichen „Lokomotiv-Funktion" seit Mitte des 19. Jahrhunderts größten Einfluss auf den

---

15 Vgl. *Hermann Kellenbenz*, Wirtschafts- und Sozialentwicklung der nördlichen Rheinlande seit 1815, in: Petri, Franz/Droege, Georg (Hrsg.), Rheinische Geschichte. Bd. 3: Wirtschaft und Kultur im 19. und 20. Jahrhundert. Düsseldorf 1980, S. 1–192, hier S. 53.

Industrialisierungsprozess aus. Hier müssen nicht nur die steigenden Transportkapazitäten beachtet werden, sondern ebenso die sogenannten „Kopplungseffekte", die ein industrielles „Schwungrad" in Gang setzten, denkt man etwa an den Bedarf an Arbeitskräften, Betriebsmitteln (Metallverarbeitung, Schienen- und Maschinenbau) und Energie (Kohle zur Befeuerung), an die sinkenden Transportkosten wie auch die Erweiterung der Absatzmärkte.[16] Durch diese Effekte gewann die Industrialisierung des Rheinlands und Westfalens erheblich an Fahrt und übertrug sich auf eine Vielzahl von zuliefernden Gewerbezweigen.

Von einer staatlichen Infrastrukturpolitik konnte allerdings zunächst noch keine Rede sein, denn die Gründung von Eisenbahngesellschaften ging sowohl im Rheinischen als auch im Westfälischen im Wesentlichen auf privatwirtschaftliche Initiativen zurück. Dies erklärt, warum die einzelnen Bahnen bis hin zu den wichtigsten Streckenführungen zwischen Düsseldorf und Elberfeld als erster Eisenbahnverbindung (Konzession 1836), die Rheinische Bahn (1839), die Köln-Mindener Eisenbahn (1845) sowie die Bergisch-Märkische Eisenbahn (1847), von der Ausstattung bis hin zu den verbauten Schienen erheblich voneinander abwichen und in den seltensten Fällen kompatibel waren.[17]

---

16 Vgl. *Dieter Ziegler*, Eisenbahnen und Staat im Zeitalter der Industrialisierung. Die Eisenbahnpolitik der deutschen Staaten im Vergleich. (Vierteljahrschrift für Sozial- und Wirtschaftsgeschichte, Beiheft 127) Stuttgart 1996, S.16f.
17 Vgl. u.a. *Ralf Roth*, Das Jahrhundert der Eisenbahn. Die Herrschaft über Raum und Zeit. 1800–1914. Ostfildern 2005; *Rainer Fremdling/Ruth Federspiel/Andreas Kunz*, Statistik der Eisenbahnen in Deutschland. 1835–1989. (Quellen und Forschungen zur historischen Statistik von Deutschland, 17) St. Katharinen 1995.

Erst ab den 1880er Jahren wurden die Trassen in die „Preußische Staatsbahn" integriert und sukzessive vereinheitlicht. Seither steht der Verkehrssektor mit dem Eisenbahnwesen geradezu sinnbildlich für eine zunehmende Verklammerung der beiden Provinzen. Der Anschluss an eine der neuen Eisenbahntrassen entschied nicht selten über Aufstieg oder Niedergang ganzer Gewerberegionen. Gewinner der Eisenbahnerschließung waren Städte wie Düsseldorf oder Neugründungen wie Oberhausen, die sich durch den Anschluss an das Schienennetz zum Industriestandort entwickelten.[18] Die ökonomische Bedeutung der Eisenbahn im Rheinland und in Westfalen belegt die rasante Entwicklung des Güter- und Personentransportvolumens in der zweiten Hälfte des 19. Jahrhunderts (Abbildung 2).

Die 1845 eröffnete Trasse der Köln-Mindener-Bahn etwa führte 260 km quer durch das Rheinland und Westfalen vom Rhein bis an die Weser. Die Vision vom zollfreien Zugang zur Nordsee, die der Hagener Unternehmer Friedrich Harkort bereits in den 1820er Jahren als gemeinsames Interesse der beiden „Westprovinzen" formuliert hatte, wurde damit Wirklichkeit. Sie passte zu den Plänen rheinischer Großkaufleute wie Daniel von der Heydt (Wuppertal), Ludolf Camphausen (Köln) und David Hansemann (Aachen). Gerade der Eisenbahnbau blieb somit nicht ohne Folgen für die Integration, förderte er doch übergreifende Initiativen als einheitliche Stimme Rheinland-Westfalens gegenüber der preußischen Regierung in Berlin.[19]

---

18 Vgl. *Heinz Reif*, Die verspätete Stadt. Industrialisierung, städtischer Raum und Politik in Oberhausen 1846–1929. (Schriften des Rheinischen Industriemuseums, 7) Köln 1992, S. 91–95.
19 Vgl. u. a. *Rudolf Boch*, Grenzenloses Wachstum? Das rheinische Wirtschaftsbürgertum und seine Industrialisierungsdebatte 1814–1857. (Bürgertum, 3) Göttingen 1991, S. 138–148; *Roth*, 2005 (wie Anm. 17), S. 71–88.

	Personenverkehr Gesamtleistung in 1000 Personenkilometern		Gütertransport Gesamtleistung in Tonnenkilometern	
	1849	1879	1849	1879
Bergisch-Märkische (1847–1881)	8.352	327.960	2.591	1.013.990
Köln-Mindener (1845–1879)	51.407	221.329	24.458	1.012.276
Rheinische Eisenbahn (1839–1879)	14.575	272.781	61.877	726.982

Abbildung 2: Eisenbahn-Transportvolumen im Rheinland und in Westfalen 1849 und 1879
Quelle: Eigene Zusammenstellung nach Rainer Fremdling/Ruth Federspiel/Andreas Kunz, Statistik der Eisenbahnen in Deutschland. 1835–1989. St. Katharinen 1995, S. 352–360 und S. 474–481.

4 Unternehmer als Wegbereiter der wirtschaftlichen Integration

Mit Ideenreichtum, wirtschaftlichem Gespür und Kapital leisten private Unternehmer bis heute erhebliche Entwicklungsarbeit in der Region wie auch über Grenzen hinweg. Dies gilt auch für die Schaffung des integrierten Wirtschaftsraums Rheinland-Westfalen. Sie gestalteten die wirtschaftlichen und politischen Rahmenbedingungen und trieben technologische und infrastrukturelle Entwicklungen voran. Nicht ohne den Mut zum Risiko stießen Industriepioniere wie der schon genannte Friedrich Harkort (z. B. durch den Einsatz neuartiger Puddelöfen), Friedrich Krupp (mit seiner Essener Gussstahlfabrik) oder Franz Haniel (mit Versuchen zur Durchteufung der Mergelschicht) an der Schnittstelle des Rheinlands und Westfalens, im ländlich geprägten Ruhrtal, eine in Kontinentaleuropa bislang ungekannte Dynamik an.[20]

Im Eiltempo wurde diese Region innerhalb weniger Jahrzehnte zum Experimentierfeld von Technikern und Tüftlern, Kapitalgebern und Glücksrittern.[21] Diese bildeten das Substrat, aus dem seit dem letzten Drittel des 19. Jahrhunderts die neue regionale Wirtschaftselite der „Schlotbarone", einer Mischung aus modernen Unternehmenslenkern und reaktionären Fabrikherren mit adeligem Habitus, heranwuchs. Neben den aufstrebenden Industriellendynastien, die sich aus Zugewanderten zusammensetzten, finden wir eine große Zahl alteingesessener Unternehmerdynastien wie die der Scheibler aus Monschau, der Scheidt aus Kettwig, der Colsman aus Langenberg oder der Von der Leyen aus Krefeld, die einander durch Sozialisation, Konnubium und Habitus eng verbunden waren.[22]

Um Gestaltungsspielräume wahrnehmen zu können, war schon für die Unternehmer des 19. Jahrhunderts das *Networking*, nicht nur auf familiärer Ebene, sondern auch durch die Mitgliedschaft in politischen Interessenvertretungen, Kammern und Vereinen unverzichtbar. Dabei erwies sich die Mi-

---

20 Vgl. *Wilfried Feldenkirchen*, Zum Einfluß der Standortfaktoren auf die Eisen- und Stahlindustrie des Ruhrgebietes (bis 1914), in: Blaich, Fritz (Hrsg.), Entwicklungsprobleme einer Region. Das Beispiel Rheinland und Westfalen im 19. Jahrhundert. (Schriften des Vereins für Socialpolitik, Gesellschaft für Wirtschafts- und Sozialwissenschaften, 119) Berlin 1981, S. 47–87, hier S. 67–81.

21 Vgl. *Jürgen Reulecke*, Rheinland-Westfalen von den 1850er Jahren bis 1914: Der Aufbruch in die Moderne, in: Briesen, Detlef et al. (Hrsg.), Gesellschafts- und Wirtschaftsgeschichte Rheinlands und Westfalens. (Schriften zur politischen Landeskunde Nordrhein-Westfalens, 9) Köln 1995, S. 79–128, hier S. 88.

22 Vgl. *Kellenbenz*, 1980 (wie Anm. 15), S. 81 f.

schung aus bürgerlich-liberalem Mitbestimmungsanspruch und wirtschaftlichem Eigeninteresse als charakteristisch. Dies zeigte sich etwa in der kommunalen und provinzialen Selbstverwaltung Preußens durch die Städte und Gemeinden sowie Provinzialstände und -landtage, in denen neben den adeligen Grundbesitzern und gemeindlichen Korporationen insbesondere Wirtschaftsvertreter Mandate hielten. Wie die Beispiele der rheinischen Kaufleute David Hansemann und Ludwig Camphausen oder auch des westfälischen Maschinenbau-Unternehmers Friedrich Harkort zeigen, engagierten sich zahlreiche Unternehmerpersönlichkeiten für die politischen Interessen „ihrer" Region. Der Rheinische Provinziallandtag in Düsseldorf etwa verfügte über einen außergewöhnlich hohen Anteil an unternehmerischen Mitgliedern: Zwischen 1888 und 1913 waren fast die Hälfte aller Mandatsträger Vertreter der Wirtschaft.[23]

Gegenüber der preußischen Regierung in Berlin demonstrierten die Wirtschaftsvertreter aus dem Rheinland und Westfalen vielfach Einigkeit in wirtschaftlichen wie auch verkehrspolitischen Fragen. Vehement ergriffen sie Partei für das neuartige Eisenbahnsystem oder für die Ausweitung der wirtschaftlichen Selbstverwaltung. Diese lag bei den Industrie-,

---

23 Vgl. u. a. *Hans Joachim Behr*, Die preußischen Provinzialverbände. Verfassung, Aufgaben, Leistung, in: Teppe, Karl (Hrsg.), Selbstverwaltungsprinzip und Herrschaftsordnung. Bilanz und Perspektiven landschaftlicher Selbstverwaltung in Westfalen. Münster 1987, S. 11–44; *Kellenbenz*, 1980 (wie Anm. 15), S. 81 f.; *Werner Plumpe*, Vom Schlotbaron zum Global Player. Unternehmen und Unternehmer an der Ruhr seit der Mitte des 19. Jahrhunderts, in: Borsdorf, Ulrich (Hrsg.), Zukunft war immer. Zur Geschichte der Metropole Ruhr. Essen 2007, S. 102–113; *Ulrich S. Soénius*, Wirtschaftsbürgertum im 19. und frühen 20. Jahrhundert. Die Familie Scheidt in Kettwig. 1848–1925. (Schriften zur rheinisch-westfälischen Wirtschaftsgeschichte, 40) Köln 2000, S. 472–474.

Handels- und Handwerkskammern, die, angesiedelt zwischen Autonomie und staatlicher Konzession, eine koordinierende Mittlerrolle auf den Gebieten der regionalen Wirtschaftspolitik, etwa bei der Gewerbeförderung, im Ausbildungswesen oder der Infrastrukturpolitik, übernahmen.[24]

Vor dem Hintergrund der voranschreitenden Industrialisierung formierten sich seit der zweiten Hälfte des 19. Jahrhunderts Wirtschaftsverbände und -vereine, die als Instrumente der politischen Einflussnahme zu wichtigen politischen Akteuren avancierten. Denn ein feingesponnenes Netz persönlicher Kontakte garantierte den Mitgliedern untereinander wie auch bis in die höchsten politischen Ebenen stets ein offenes Ohr für ihre Belange. Gerade im Kontext der wirtschaftlichen Interessenvertretung spiegelt sich die voranschreitende Bildung eines einheitlichen rheinisch-westfälischen Wirtschaftsraums wider. Interessenverbände und Absatzvereinigungen wie der 1847 gegründete „Rheinisch-Westfälische Handels- und Gewerbeverein" oder der 1871 gegründete „Verein zur Wahrung der gemeinsamen Interessen Rheinlands und Westfalens" nahmen gleichsam den Bindestrich des späteren Bundeslandes Nordrhein-Westfalen vorweg.[25] Dabei ist auffällig, dass die spätere Landeshauptstadt Düsseldorf bereits seit den 1860er Jahren ihre Funktion als repräsentativer Verwaltungsstandort auch für wirtschaftliche Belange wahrnahm.

Interregionalen Marktabsprachen dienten zudem die im 19. und frühen 20. Jahrhundert noch selbstverständlichen

---

24 Vgl. *Nonn*, 2009 (wie Anm. 6), S. 55; *Friedrich Zunkel*, Der rheinisch-westfälische Unternehmer 1834–1879. Ein Beitrag zur Geschichte des deutschen Bürgertums im 19. Jahrhundert. Köln u. a. 1962, S. 151 f.

25 Vgl. *Manfred Rasch*, Zwei Provinzen – ein Wirtschaftsraum? Zur Wahrnehmung des „Ruhrgebiets" durch Montanindustrielle im 19. Jahrhundert, in: Ditt, 2007 (wie Anm. 5), S. 225–261.

Kartelle wie das „Rheinisch-Westfälische Kohlen-Syndikat" (RWKS) und das Rheinisch-Westfälische Roheisensyndikat, gegründet 1893 bzw. 1896. Weniger als Partner denn als Kontrahenten im Kampf um gerechteren Lohn und angemessene Arbeitszeiten agierten dagegen der 1877 gegründete „Verband Rheinisch-Westfälischer Bergleute" oder der „Rheinisch-Westfälische Grubenarbeiterverband" von 1872, denen seit 1874 der Arbeitgeberverband für den Bezirk der Nordwestlichen Gruppe des „Vereins Deutscher Eisen- und Stahlindustrieller" („Arbeit-Nordwest") gegenüberstand. Es kann somit kaum verwundern, wenn das Rheinland und Westfalen am Ende des 19. Jahrhunderts in der öffentlichen Wahrnehmung bereits als „Bindestrichland" erschienen.[26]

---

26 Vgl. *Werner Plumpe*, Unternehmerverbände und industrielle Interessenpolitik, in: Köllmann, 1990 (wie Anm. 14), S. 655–727, hier S. 661–687; *Nonn*, 2009 (wie Anm. 6), S. 50.

Kapitel 2
Von den „Transalpini" zu den „Gastarbeitern" – Nordrhein-Westfalen auf dem Weg zum Zuwanderungsland

Als Zuwanderungsland besitzt Nordrhein-Westfalen eine weit zurückreichende Vorgeschichte.[27] Dabei darf das mit der Zuwanderung verbundene Wachstumspotenzial nicht unterschätzt werden. Denn immerhin hatten in Nordrhein-Westfalen im Jahr 2009 insgesamt mehr als vier Millionen Menschen einen Migrationshintergrund, das entspricht knapp einem Viertel der Bevölkerung.[28] Mit Blick auf die in Mitteleuropa seit den 1960er Jahren sinkenden Geburtenzahlen gehört die Migration damit zu den Kernkomponenten gesamtwirtschaftlichen Wachstums. Bevölkerungsstärke und -struktur gehören somit immer auch zu den zentralen Einflussfaktoren für den wirtschaftlichen Erfolg. Damit ergibt sich die Einwohnerzahl eines Landes neben der Entwicklung durch Geburten- und Sterbefälle auch aus der Zu- oder Abwanderung von Menschen aus dem näheren oder weiteren Umkreis.

Dies galt schon für das 19. Jahrhundert, als in Deutschland Bevölkerungswachstum und Industrialisierung im Sinne eines

---

27 Vgl. u. a. *Christoph Nonn*, Kleine Migrationsgeschichte von Nordrhein-Westfalen. Köln 2011.

28 Vgl. *Ministerium für Generationen, Familie, Frauen und Integration des Landes Nordrhein-Westfalen* (Hrsg.), Zuwanderungsstatistik Nordrhein-Westfalen 2009, Düsseldorf 2010, S. 5 f.

eng verkoppelten Prozesses abliefen. Die beiden preußischen Westprovinzen Rheinland und Westfalen bildeten dabei einen besonderen Schauplatz, denn hier entstand mit dem Ruhrgebiet eine der profiliertesten Industrielandschaften Europas, in der sich in kurzer Zeit ein hoher Bedarf an Arbeitskräften entwickelte. Bis heute wird das „Gesicht" Nordrhein-Westfalens daher nicht nur durch die prominente „Gastarbeiter"-Zuwanderung aus Süd- und Mitteleuropa seit den 1950er Jahren geprägt. Vielmehr stehen auch die italienischen „Transalpini", italienische Saisonarbeiter, die seit den 1860er Jahren hochqualifizierte Gesteinsarbeiten im Straßen- und Bergbau ausführten, oder die „Ruhrpolen" stellvertretend für die ins Rheinland und nach Westfalen führenden Wanderungsbewegungen des 19. Jahrhunderts.[29]

Nach dem Zweiten Weltkrieg wurde das soeben gegründete Bundesland erneut zum Ziel von Migrantinnen und Migranten. Denn angefangen bei der Unterbringung von Flüchtlingen und Vertriebenen über die Zuwanderung von „Gastarbeitern" bis hin zur Aufnahme sogenannter (Spät-)Aussiedler präsentierte sich Nordrhein-Westfalen wie schon im 19. Jahrhundert als klassisches Zuwanderungsland. Dies veranschaulicht die allgemeine Bevölkerungsentwicklung, die sich vom Einbruch der Kriegsjahre rasch erholte. Die Bevölkerung Nordrhein-Westfalens stieg von gut 11 Mio. Einwohnerinnen und Einwohnern bei Kriegsende kontinuierlich auf knapp 18 Mio. 2009.[30] Insgesamt verzeichnete Nordrhein-Westfalen allein

---

29 Vgl. u. a. *Klaus J. Bade* (Hrsg.), Enzyklopädie Migration in Europa. Vom 17. Jahrhundert bis zur Gegenwart. Paderborn u. a. 2007; *Waltraud Bierwirth/Manfred Vollmer*, Migration hat viele Gesichter. 50 Jahre Einwanderungsgeschichte(n). Essen 2003; *Ulrich Herbert*, Geschichte der Ausländerpolitik in Deutschland. Saisonarbeiter, Zwangsarbeiter, Gastarbeiter, Flüchtlinge. München 2001.
30 Vgl. *LDS NRW* (Hrsg.), Statistische Jahrbücher NRW 1949–2010.

zwischen 1949 und 1989 einen Zuwanderungsgewinn von knapp 3,5 Mio. Menschen. Dies entsprach dem Zuwachs von etwa einem Viertel des Bevölkerungsstandes von 1949.[31] Vor dem Hintergrund eines langfristig veränderten Fortpflanzungsverhaltens, irrtümlich lange als „Pillenknick" gedeutet, unterschritt die Zahl der Geburten ab 1972 dauerhaft die Anzahl der Verstorbenen. Einen teilweisen Ausgleich im demografischen Wandel schufen seither die Zuwanderungsgewinne.

1 Der „Zug zur Arbeit" als Konstante

Die Erfahrung der Zu- und Abwanderung gehört seit Jahrhunderten zu den Kernbestandteilen rheinisch-westfälischer Geschichte. Neben religiös begründeten Fluchtbewegungen wirkten in der Frühen Neuzeit auch die merkantilistische Peuplierungs- oder Gewerbeförderungspolitik als *Push-* und *Pull*-Faktoren. Neben der Saisonwanderung („Hollandgängerei") und den (Massen-)Fernwanderungen in die Neue Welt erwies sich später die Land-Stadt-Wanderung als ein zentrales Phänomen des Industrialisierungszeitalters.[32]

Gerade der Kernraum Rheinland-Westfalens, das spätere Ruhrgebiet, profitierte von der wachsenden industriellen Anziehungskraft, die sich quer durch alle gesellschaftlichen Schichten und Klassen erstreckte. Dies verdeutlicht zum Beispiel die Expertenwanderung. Fachleute wie der Ire Thomas

---

31 Vgl. *Heinz Günter Steinberg*, Menschen und Land in Nordrhein-Westfalen. Eine kulturgeographische Landeskunde. Düsseldorf 1994, S. 125.
32 Vgl. *Dirk Hoerder/Jan Lucassen/Leo Lucassen*, Terminologien und Konzepte der Migrationsforschung, in: Bade et al., 2007 (wie Anm. 29), S. 28–53, hier S. 30 f.

Mulvany, die englischen Brüder John und James Cockerill oder der Belgier Jacques Piedboeuf zog es als Montan- bzw. Maschinenbau-Spezialisten ins Rheinland und nach Westfalen. Mit diesen Technikern, Ingenieuren und Investoren flossen Kapital und Know-how in die junge Industrie.[33]

Die prominenteste Zuwanderungsgruppe bildete hingegen seit der zweiten Hälfte des 19. Jahrhunderts die Gruppe der sogenannten „Ruhrpolen"[34], polnischstämmige Zuwanderer aus den damals preußischen oder russischen Gebieten. Ihnen galt seit den 1870er Jahren die gezielte Anwerbepolitik deutscher Unternehmer. Die angeworbenen Männer holten vielfach ihre Familien bzw. weitere männliche Arbeitskräfte nach und setzten so eine Ost-West-Kettenwanderung in Gang.[35] Waren 1861 lediglich 16 Personen polnischer Herkunft im Gebiet des heutigen Nordrhein-Westfalen nachweisbar, so vervielfachte sich ihre Zahl allein bis 1880 auf knapp 30.000. Bis zum Ersten Weltkrieg kamen bis zu 350.000 „Inlandspolen" (aus den damaligen preußischen Gebieten) sowie 150.000 Masuren ins rheinisch-westfälische Industriegebiet.

---

33 Vgl. u.a. *Olaf Schmidt-Rutsch*, William Thomas Mulvany. Ein irischer Pragmatiker und Visionär im Ruhrgebiet 1806–1885. (Schriften zur rheinisch-westfälischen Wirtschaftsgeschichte, 42) Köln 2003.

34 Vgl. u.a. *Christoph Klessmann*, Polnische Bergarbeiter im Ruhrgebiet 1870–1945. Soziale Integration und nationale Subkultur einer Minderheit in der deutschen Industriegesellschaft. (Kritische Studien zur Geschichtswissenschaft, 30) Göttingen 1978; *Susanne Peters-Schildgen*, „Schmelztiegel" Ruhrgebiet. Die Geschichte der Zuwanderung am Beispiel Herne bis 1945. Essen 1997; *Valentina-Maria Stefanski*, Zum Prozeß der Emanzipation und Integration von Außenseitern. Polnische Arbeitsmigranten im Ruhrgebiet. (Schriften des Deutsch-Polnischen Länderkreises der Rheinisch-Westfälischen, 6) Dortmund 1984.

35 Vgl. *Klessmann*, 1978 (wie Anm. 34), S. 37–43 und *Dagmar Kift/Dietmar Osses* (Hrsg.), Polen – Ruhr. Zuwanderungen zwischen 1871 und heute. (Quellen und Studien/LWL-Industriemuseum, 14) Essen 2007.

Gemessen an einer Bevölkerung von mehr als 11 Mio. Menschen im Rheinland und in Westfalen im Jahr 1910 stellten die „Ruhrpolen" etwa 4,5 Prozent der Gesamtbevölkerung.[36] Die meisten fanden Beschäftigung im Ruhrkohlebergbau, wo u. a. in Recklinghausen, Bochum und Gelsenkirchen sogar sogenannte „Polenzechen" entstanden. Die Zeche Pluto in Wanne wies beispielsweise mit einem Anteil von knapp 75 Prozent den höchsten Anteil Polnisch sprechender Bergleute auf.[37] So verwundert es kaum, dass die Zuwanderer, auch in den nachfolgenden Migrationsbewegungen wie etwa den (Spät-)Aussiedlern, die Region auch kulturell mitprägten. Hierzu zählten Vereinsgründungen und eine eigene Presse (z. B. „Wiarus Polski", 1891) ebenso wie die 1902 gegründete und zeitweise drittgrößte Gewerkschaft im Revier Zjednoczenie Zawodwe Polskie (ZZP). Ein abwertendes Beispiel hierfür ist auch der Name „Polackenverein" für den Fußballverein Schalke 04, weil hier in den 1920er Jahren einige Spieler polnisch klingende Namen trugen. Populär wurde der in den 1980er Jahren bekannt gewordene Fernsehkommissar „Horst Schimanski" aus Duisburg.

Nicht zuletzt dank dieser starken Zuwanderung von Arbeitskräften stieg das Ruhrgebiet bereits im 19. Jahrhundert zu einer der führenden europäischen Wachstumsregionen auf. Der in den 1830er und 1840er Jahren einsetzende Prozess der Arbeitskräftezuwanderung machte aus Dörfern und Acker-

---

36 Vgl. Route der Migration Nordrhein-Westfalen, URL: <http://www.migrationsroute.nrw.de/themen.php?thema_id=36&erinnerungsort=Bochum> [letzter Zugriff: 07.04.2010]; *Wolfgang Köllmann*, Bevölkerung in der industriellen Revolution. Studien zur Bevölkerungsgeschichte Deutschlands. Göttingen 1974, S. 231.

37 Vgl. Route der Migration, URL: <http://www.migrationsroute.nrw.de/themen.php?thema_id=36&erinnerungsort=Bochum> [letzter Zugriff: 30.09.2010].

bürgerstädten Industriemetropolen. In kürzester Zeit bildeten alte Handelsstädte wie Dortmund und Duisburg ausufernde Vorstädte, wo sich die bekannten Probleme einer überbordenden Urbanisierung wie fehlender oder überbelegter Wohnraum, mangelnde städtische Hygiene und ein Überhandnehmen von Elendsquartieren zeigten. Dies war angesichts des rapiden Bevölkerungswachstums kaum verwunderlich. Allein bis zum Ersten Weltkrieg hatte sich die Bevölkerung beider Provinzen verdoppelt. Von den mehr als elf Millionen Menschen lebte im Rheinland bereits jeder zweite und in Westfalen jeder dritte in einer Stadt mit über 20.000 Einwohnern.[38]

Mit der Beschäftigung von Zwangsarbeitern in der deutschen Wirtschaft erlangte die Zuwanderung ins Rheinland und nach Westfalen indessen während des Ersten und vor allem im Zweiten Weltkrieg eine hochgradig gewaltsame Dimension. Die gegen ihren Willen zur Arbeit nach Deutschland verschleppten Opfer erlebten die menschenverachtende Ausbeutung der Nationalsozialisten am eigenen Leibe. Der sich seit der zweiten Kriegshälfte verschärfende Mangel an Arbeitskräften im Deutschen Reich mündete in einer systematischen Jagd auf Zivilisten in den von Deutschen besetzten

---

38 Vgl. *Brian McCook*, Polnische industrielle Arbeitswanderer im Ruhrgebiet (>Ruhrpolen<) seit dem Ende des 19. Jahrhunderts, in: Bade et al., 2007 (wie Anm. 29), S. 871–879, hier S. 874–876; *Andreas Kossert*, Kuzorra, Szepan und Kalwitzki: Polnischsprachige Masuren im Ruhrgebiet und Britta Lenz, „Polen deutsche Fußballmeister?" Polnischsprachige Einwanderer im Ruhrgebietsfußball der Zwischenkriegszeit, jeweils in: Dahlmann et al. (Hrsg.), Schimanski, Kuzorra und andere. Polnische Einwanderer im Ruhrgebiet zwischen Reichsgründung und Zweitem Weltkrieg (Wir in Nordrhein-Westfalen. Unsere gesammelten Werke, 12) Essen 2006, S. 203–220 und S. 293–311, insbesondere S. 219 f. und S. 304 f.; *Jörg Vögele*, Bevölkerungsentwicklung in Nordrhein-Westfalen während des 19. Jahrhunderts, online verfügbar, URL: <http://www.nrw2000. de/gruender/bevoelkerung.htm> [letzter Zugriff: 18.11.2011].

Gebieten in West- und vor allem Osteuropa. Neben Kriegsgefangenen wurden insbesondere Frauen und Jugendliche zur Arbeit in den „Rüstungsschmieden" des Reiches gezwungen, wo sie unter vielfach unmenschlichen Bedingungen die Aufgaben der eingezogenen Soldaten übernahmen.[39] Allein für den Ruhrbergbau beziffert Hans-Christoph Seidel für den Monat September 1944 die Zahl der auf den Zechen beschäftigten Ausländerinnen und Ausländer auf über 160.000. Dies entspricht einem Ausländeranteil (Zivilisten und Kriegsgefangene) von rund 40 Prozent.[40] Gerade bei den schwerindustriellen Werken wie dem Rüstungskonzern Rheinmetall in Düsseldorf stieg die Anzahl der Ausländer und Kriegsgefangenen von weniger als zwei Prozent 1941 auf fast 30 Prozent 1944 an.[41] Nach Schätzungen von Ulrich Herbert waren im gleichen Jahr rund ein Viertel aller in der gesamten deutschen Wirtschaft beschäftigten Personen Zwangsarbeiterinnen und Zwangsarbeiter.[42] Es ist davon auszugehen, dass die deutsche Kriegswirtschaft ohne diese unter Zwang und Todesdrohung arbeitenden Menschen ab 1941 zusammengebrochen wäre.

---

39 Vgl. u. a. *Ulrich Herbert*, Fremdarbeiter. Politik und Praxis des „Ausländer-Einsatzes" in der Kriegswirtschaft des Dritten Reiches. Berlin u. a. 1985; *Ders.*, Zwangsarbeitskräfte in Deutschland und im von Deutschland besetzten Europa im Zweiten Weltkrieg, in: Bade et al., 2007 (wie Anm. 29), S. 1116–1125.

40 Vgl. *Hans-Christoph Seidel*, Der Ruhrbergbau im Zweiten Weltkrieg. Zechen – Bergarbeiter – Zwangsarbeiter. (Veröffentlichungen des Instituts für soziale Bewegungen, Schriftenreihe C: Arbeitseinsatz und Zwangsarbeit im Bergbau, Bd. 7) Essen 2010, S. 392, S. 562.

41 Vgl. *Christian Leitzbach*, Der Einsatz ausländischer Arbeiterinnen und Arbeiter bei Rheinmetall-Borsig während des Zweiten Weltkrieges, in: Looz-Corswarem, Clemens von (Hrsg.), Zwangsarbeit in Düsseldorf. „Ausländereinsatz" während des Zweiten Weltkrieges in einer rheinischen Großstadt. (Düsseldorfer Schriften zur neueren Landesgeschichte und zur Geschichte Nordrhein-Westfalens, 62) Essen 2002, S. 403–415, hier S. 406.

42 Vgl. *Herbert*, 1985 (wie Anm. 39), S. 18.

2 (Spät-)Folgen des Zweiten Weltkrieges: Flüchtlinge, Vertriebene und Aussiedler

Wanderungsbewegungen prägten somit seit Jahrhunderten die rheinisch-westfälische Wirtschafts- und Gesellschaftsgeschichte. Dies gilt auch für die nordrhein-westfälische Landesgeschichte, die 1946 begann. Wie auch die anderen Besatzungszonen hatte die britische Zone zunächst die kriegsbedingte massenhafte Zuwanderung von Flüchtlingen zu bewältigen. Da die städtischen Ballungsgebiete Westdeutschlands vom Bombenkrieg und seinen Zerstörungen besonders betroffen waren – so lagen in Dortmund, Essen oder Köln bis zu 70 Prozent des Wohnraumbestandes in Trümmern – fanden Flüchtlinge und Vertriebene zunächst vor allem in den ländlichen Randregionen Ostwestfalen-Lippes oder des Sauerlands Aufnahme.[43]

Im bundesweiten Vergleich gilt indessen, dass Nordrhein-Westfalen bis in die 1950er Jahre nicht in dem gleichen Maße am Mobilisierungsprozess der Zuwandernden partizipierte. Wohnraummangel und damit verbundene Zuzugssperren lenkten die Ost-West-Wanderung zunächst am Westen der Republik vorbei. Der Anteil der Vertriebenen an der Gesamtbevölkerung lag deshalb 1946 mit rund sechs Prozent in Nordrhein-Westfalen besonders niedrig, während Länder wie Schleswig-Holstein oder Niedersachsen mit 33 bzw. 24 Prozent einen hohen Anteil aufwiesen. Erst Ende der 1950er Jahre

---

43 Vgl. *Michael Krause*, Flucht vor dem Bombenkrieg. „Umquartierungen" im Zweiten Weltkrieg und die Wiedereingliederung der Evakuierten in Deutschland 1943–1963. (Beiträge zur Geschichte des Parlamentarismus und der politischen Parteien, 109) Düsseldorf 1997, S. 21–35; *Björn Zech*, Ankunft. Ablehnung und Hilfsbereitschaft, in: Kift, Dagmar (Hrsg.), Aufbau West. Neubeginn zwischen Vertreibung und Wirtschaftswunder. Essen 2005, S. 44–81, hier S. 45 f.

kam es, zum Beispiel im Rahmen gezielter Umsiedlungsprogramme, zu einer regionalen Umverteilung. 1960 lebte schließlich ein Viertel der Vertriebenen in Nordrhein-Westfalen.[44]

Nach Auffassung des Wirtschaftshistorikers Werner Abelshauser fehlte dem Land Nordrhein-Westfalen so eine wichtige Antriebskraft, die andernorts bereits erheblich zu einer Diversifikation der Industriestruktur beigetragen habe. Aus der ökonomischen Retrospektive gilt die Gruppe der Vertriebenen und Flüchtlinge nämlich nicht nur als wichtige Stütze des konjunkturellen Aufschwungs der 1950er Jahre, sondern auch als Motor der gewerblichen Diversifizierung in strukturschwachen Regionen.[45] Dies dokumentiert das Beispiel der ostwestfälischen Stadt Espelkamp. Hier siedelten sich im Zuge der Flüchtlingszuwanderung klein- und mittelständische Unternehmen der Elektrotechnik, des Maschinenbaus, der Textil- und (Polster-) Möbelindustrie sowie der Glas- und Kunststoffindustrie an. Die Einwohnerzahl stieg von rund 2700 (1950) sprunghaft auf 10.000 (1959) und wuchs bis zum neuen Jahrtausend auf etwa 28.000 Einwohnerinnen und Einwohner.[46] Bis heute gilt die Stadt als Vorzeigemodell für die Bewältigung zentraler Prob-

---

44 Vgl. *Dagmar Kift*, Flüchtlinge und Vertriebene in Westfalen – auch ein Sonderfall?, in: Westfälische Forschungen 59, 2009, S. 187–216, hier S. 187.

45 Vgl. *Uwe Kleinert*, Die Flüchtlinge als Arbeitskräfte. Zur Eingliederung der Flüchtlinge in NRW nach 1945, in: Bade, Klaus J. (Hrsg.), Neue Heimat im Westen. Vertriebene, Flüchtlinge, Aussiedler. Münster 1990, S. 37–60, hier S. 57; *Falk Wiesemann*, Flüchtlingspolitik und Flüchtlingsintegration in Westdeutschland, in: Aus Politik und Zeitgeschichte, 1985, S. 35–44, hier S. 43.

46 Vgl. Stadt Espelkamp, URL: <http://www.espelkamp.de/index.ph tml?La=1&sNavID=1190.219&mNavID=1190.219&object=txl119 0.1114.1l1190.22.1&kat=&kuo=1&text=&sub=0> [letzter Zugriff: 30.09.2010]; *Hannelore Oberpenning*, Arbeit, Wohnung und eine neue Heimat … Espelkamp – Geschichte einer Idee. Essen 2002.

leme in der Nachkriegszeit, nämlich der Flüchtlingszuwanderung und der Strukturschwäche ländlicher Regionen.

Mit dem wirtschaftlichen Wiederaufbau hatte Ende der 1940er Jahre eine systematische Arbeitskräftelenkung nach industriellen Bedarfsquoten eingesetzt. Bis 1953 kamen 1,3 Mio. Erwerbstätige nach Nordrhein-Westfalen, von denen fast 40 Prozent Flüchtlinge waren.[47] Obgleich gerade die Ruhrindustrie von der Zuwanderung profitierte (1953 fand sich hier ein Drittel der in Nordrhein-Westfalen lebenden Flüchtlinge und Vertriebenen), darf nicht übersehen werden, dass diese Bevölkerungsgruppe auch in anderen Regionen deutlich zunahm.[48] Damit zeigte sich bis zum Beginn der 1960er Jahre die Verteilung auf die beiden Landesteile nahezu ausgeglichen. 1964 lebten insgesamt mehr als 2,5 Mio. Flüchtlinge und Vertriebene aus den ehemals deutschen Ostgebieten in Nordrhein-Westfalen.[49]

Die Zuwanderung aus den ehemaligen Ostgebieten verband sich nahtlos mit der Migrationsbewegung aus der sowjetisch besetzten Zone bzw. der DDR. So kamen allein zwischen 1950 und 1954 über 400.000 DDR-Flüchtlinge nach Nordrhein-Westfalen. Diese – im engeren Sinne – Binnenwanderung hielt bis zum Bau der „Berliner Mauer" im August 1961 an. Allein zwischen 1949 und 1961 verzeichnete Nordrhein-Westfalen einen Wanderungsgewinn aus diesen Teilen Deutschlands von über 1,1 Mio. Menschen. Unter den Zuwandernden fand sich ein vergleichsweise hoher Anteil junger, gut ausgebildeter Männer, Akademiker, Studenten und Abiturienten etwa, die

---

47 Vgl. *Kleinert*, 1990 (wie Anm. 45), S. 47.
48 Vgl. *Kift*, 2009 (wie Anm. 44), S. 200.
49 Vgl. *Nordrhein-Westfalen/Landesamt für Datenverarbeitung und Statistik* (Hrsg.), Vertriebene und Flüchtlinge in Nordrhein-Westfalen. Düsseldorf 1984, S. 146 f.

noch am Anfang ihres Erwerbslebens standen und von deren Potenzial die nordrhein-westfälische Wirtschaft profitierte.[50]

Zwischen 1953 und 1961 machte diese Gruppe mit fast 600.000 Zuwanderern mehr als die Hälfte des Zuwanderungsgewinns in Nordrhein-Westfalen aus. In Relation zu anderen Bundesländern kam dies einer Aufnahmerate von zwei Dritteln aller DDR-Flüchtlinge gleich. Dieses Angebot an gut ausgebildetem „Humankapital" war von nicht zu unterschätzendem Wert für den Wirtschaftsaufschwung wie auch für den längst überfälligen Strukturwandel in Nordrhein-Westfalen. Demnach sei der langsame Übergang einer in weiten Teilen von Stahl und Eisen geprägten Mono- zu einer dienstleistungsorientierten Wirtschaftsstruktur durch die aus der DDR zuwandernden Berufsgruppen zumindest vorbereitet worden, meint etwa der Historiker Uwe Kleinert.[51]

Einen späten Schlusspunkt der durch den Zweiten Weltkrieg ausgelösten europäischen Wanderungsprozesse setzte schließlich die in den 1980er Jahren einsetzende Zuwanderung von sogenannten Spätaussiedlern aus den kommunistischen Staaten des „Ostblocks". Sie sorgte auch in Nordrhein-Westfalen für einen erneuten Zuwanderungsgewinn (Abbildung 3).

Im politischen Sinne handelte es sich dabei um eine Kriegsfolgewanderung, die mehrere Generationen erfasste. So

---

50 Vgl. *Helge Heidemeyer*, Flucht und Zuwanderung aus der SBZ/DDR 1945/1949–1961. Die Flüchtlingspolitik der Bundesrepublik Deutschland bis zum Bau der Berliner Mauer. (Beiträge zur Geschichte des Parlamentarismus und der politischen Parteien, 100) Düsseldorf 1994, S. 48–53; *Uwe Kleinert*, Flüchtlinge und Wirtschaft in Nordrhein-Westfalen. 1945–1961. Arbeitsmarkt – Gewerbe – Staat. (Flüchtlinge und Vertriebene in Nordrhein-Westfalen, 2) Düsseldorf 1988, S. 55–64.

51 Vgl. *Heidemeyer*, 1994 (wie Anm. 50), *Kift*, 2009 (wie Anm. 44), *Kleinert*, 1988 (wie Anm. 50); *Steinberg*, 1994 (wie Anm. 31).

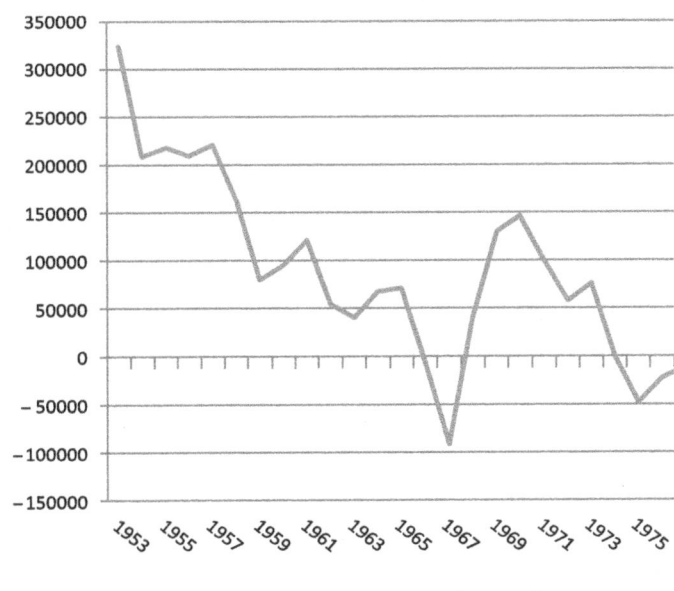

Abbildung 3a: Zu- und Fortzüge NRW (1953–1975)
Quelle: IT.NRW, Landesdatenbank und Statistische Jahrbücher NRW.

kamen u. a. aus den Herkunftsländern Polen, Sowjetunion, Rumänien, Tschechoslowakei, Ungarn und Jugoslawien zwischen 1950 und 1987 rund 1,4 Mio. Menschen in die Bundesrepublik Deutschland. In Nordrhein-Westfalen bildeten zwischen 1955 und 1980 Zuwanderer aus Polen mit mehr als 40.000 Menschen die größte Gruppe.

Grundsätzlich besaßen die Aussiedler im Kontext des Kriegsfolgenrechts Anspruch auf die deutsche Staatsbürgerschaft. Allerdings erlangte diese Vorgabe erst mit dem Fall des „Eisernen Vorhangs" eine ganz neue Dimension. Insgesamt kamen seit der Öffnung der Grenzen von 1989 bis 2008 rund 650.000 Menschen nach Nordrhein-Westfalen. Die aufgrund

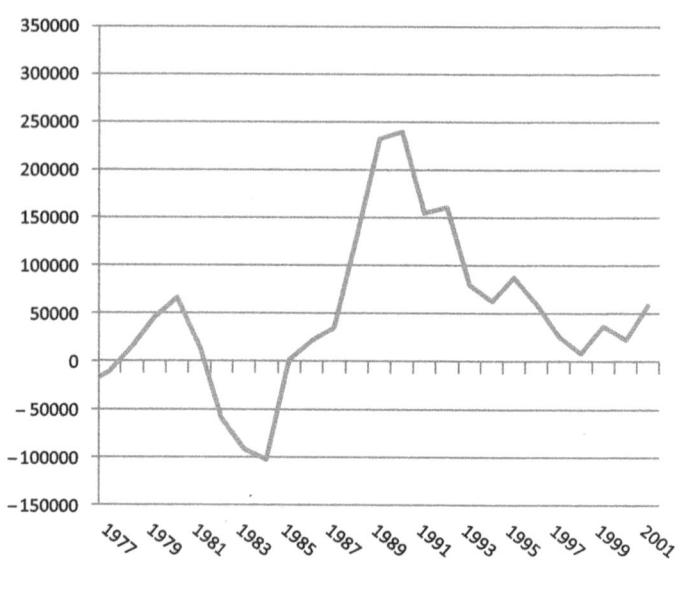

Wanderungsgewinne bzw. -verluste

Abbildung 3b: Zu- und Fortzüge NRW (1977–2001)
Quelle: IT.NRW, Landesdatenbank und Statistische Jahrbücher NRW.

der restriktiven Ausreisepolitik lange geringe Zuwanderung
aus der UdSSR wuchs nun (häufig als Kettenwanderung) zu
einer Massenbewegung an.[52] Daher stieg auch in Nordrhein-
Westfalen die Zahl der Zuwanderer aus der ehemaligen Sowjetunion zu Beginn der 1990er Jahre sprunghaft von rund
5000 auf mehr als 14.000 Personen und umfasste bis zur Jahrtausendwende mehr als 100.000 Personen.[53]

52 Vgl. *Barbara Dietz*, Aussiedler/Spätaussiedler in Deutschland seit
    1950, in: Bade et al., 2007 (wie Anm. 29), S. 397–404, hier S. 397–
    400; *Klaus J. Bade*, Aussiedler. Rückwanderer über Generationen
    hinweg, in: Bade, 1990 (wie Anm. 45), S. 128–149, hier S. 129.
53 Vgl. *Ministerium für Generationen, Familie, Frauen und Integra-
    tion des Landes Nordrhein-Westfalen* (wie Anm. 28), S. 38 f.

3 Vom „Gast" zum Kollegen

Im Gegensatz zu den europäischen Kriegsfolgewanderungen, die spätestens mit dem Bau der Mauer 1961 zum Stillstand kamen, stand der Zuzug von „Gastarbeitern" im Zusammenhang mit der weltweit anziehenden Konjunktur der „Wirtschafts-wunder-Ära" und dem steigenden Bedarf an Arbeitskräften. Die Besetzung dieser Stellen erwies sich als unverzichtbar für die Stabilisierung des konjukturellen „Hochs". Aus diesem Grunde begannen die europäischen Industriestaaten bereits Mitte der 1950er Jahre gezielt ausländische Arbeitskräfte anzuwerben, um die sich abzeichnenden Engpässe im Produktionssektor zu vermeiden. Zeitgenössisch als „Gastarbeiter" bezeichnet, besaßen Arbeitsmigranten aus Süd- und Südosteuropa sowie Nordafrika lediglich einen zeitlich befristeten Aufenthaltsstatus, eine Art der Beschäftigung, die an Jahrhunderte alte saisonale Migrationssysteme anknüpfte.

Bereits 1955 schloss die Bundesrepublik ein erstes Anwerbeabkommen mit Italien, dem Verträge mit Griechenland und Spanien (1960), der Türkei (1961), Marokko (1963), Portugal (1964), Tunesien (1965) und Jugoslawien (1968) folgten. Insgesamt kamen seit dem Ende der 1950er Jahre bis zum Anwerbestopp 1973 rund 14 Mio. ausländische Arbeitskräfte nach Deutschland. Bis 1969 stellten die italienischen Erwerbstätigen die größte nationale Gruppe. Sie wurde seit 1971 durch Migrantinnen und Migranten aus der Türkei abgelöst, die auch 2009 mit über 30 Prozent die größte ausländische Beschäftigungsgruppe in Nordrhein-Westfalen bildeten.[54]

---

54 Vgl. *LDS NRW* (Hrsg.), Statistisches Jahrbuch NRW 2009; *Klaus J. Bade/Jochen Oltmer*, Mitteleuropa. Deutschland, in: Bade et al., 2007 (wie Anm. 29), S. 141–170, hier S. 159.

Insgesamt wuchs die ausländische Bevölkerung in Nordrhein-Westfalen seit Mitte der 1950er Jahre kontinuierlich von rund 400.000 im Jahr 1968 auf den Höchststand von über zwei Mio. Mitte der 1990er Jahre an. Rund ein Viertel der ausländischen Bevölkerung in Deutschland lebt damit im bevölkerungsreichsten Bundesland Nordrhein-Westfalen.[55] Dabei bildeten sich räumliche Schwerpunkte in industriellen Ballungszentren wie Köln oder Duisburg, deren Einwohnerstruktur in den 1980er Jahren mit 15 bzw. 13 Prozent einen vergleichsweise hohen Ausländeranteil aufwies. So war allein die Hälfte aller türkischen Arbeiter und ein Sechstel der Wohnbevölkerung Kölns bei Ford beschäftigt. Mit mehr als 12.000 Personen (1973) handelte es sich dabei „um die größte geschlossene Gruppe von Türken und von türkischen Arbeitern in der Bundesrepublik".[56] Auch in Duisburg erklärt sich der hohe Anteil der ausländischen Bevölkerung aus dem Bedarf der Montanindustrie. Im Ruhrgebiet waren 1972/73 insgesamt ein Drittel der türkischen Beschäftigten und ein Sechstel der türkischen Einwohner bei der Ruhrkohle AG beschäftigt. Aufgrund der schwerindustriellen Tradition Nordrhein-Westfalens wird die Geschichte der weiblichen Zuwanderung dagegen vielfach unterschätzt. So lag die Erwerbstätigkeit von Ausländerinnen beispielsweise in der Tex-

---

55 Vgl. *Nordrhein-Westfalen/Statistisches Landesamt* (Hrsg.), Ausländische Arbeitnehmer in Nordrhein-Westfalen. Zahlenspiegel 1986, Düsseldorf 1987, S. 10 f.; *Ministerium für Generationen, Familie, Frauen und Integration* (wie Anm. 28), S. 12 f.

56 *Hans-Günter Kleff*, Täuschung, Selbsttäuschung, Enttäuschung und Lernen. Anmerkungen zum Fordstreik im Jahre 1973, in: Motte, Jan/Ohliger Rainer (Hrsg.), Geschichte und Gedächtnis in der Einwanderungsgesellschaft. Migration zwischen historischer Rekonstruktion und Erinnerungspolitik. Essen 2004, S. 251–257, hier S. 255 f.

tilindustrie in den 1960er Jahren schon deutlich höher als die einheimischer Frauen.[57]

Im Hinblick auf die Betreuung seiner „Gäste" zeigte sich das Gastgeberland Nordrhein-Westfalen schlecht vorbereitet. Nicht selten wurden die Neuankömmlinge in Lagern und Baracken untergebracht: 1962 lebten zwei Drittel aller ausländischen Arbeitskräfte in solchen Gemeinschaftsunterkünften. Fragen der kulturellen Integration, etwa im Hinblick auf Sprache, Religion oder Ernährung, blieben meist ausgeklammert. Bei ihrer Einreise verfügten nur etwa sechs Prozent der in Nordrhein-Westfalen beschäftigten „Gastarbeiter" über Deutschkenntnisse. „Ganz unten" waren die neuen „Kollegen" in der Hierarchie der nordrhein-westfälischen Betriebe angesiedelt, wie Günter Wallraff in seinem gleichnamigen, 1985 erschienenen Buch die Lebens- und Arbeitsverhältnisse türkischer „Gastarbeiter" in der Bundesrepublik beschrieb.[58]

Die Ölkrise von 1973 leitete mit dem nun verhängten Anwerbestopp einen nachhaltigen Rückgang der Ausländerbeschäftigung um knapp 30 Prozent ein. Dennoch stieg der Anteil der ausländischen Bevölkerung in der Bundesrepublik langfristig von einem Prozent (1951) auf sechs Prozent 1973

---

57 Vgl. *Annette Treibel*, Migration in modernen Gesellschaften. Soziale Folgen von Einwanderung und Gastarbeit. Weinheim u. a. 1990, S. 122.

58 Vgl. u. a. *Ursula Mehrländer*, Beschäftigung ausländischer Arbeitnehmer in der Bundesrepublik Deutschland unter spezieller Berücksichtigung von Nordrhein-Westfalen. (Forschungsberichte des Landes Nordrhein-Westfalen, 2073) Köln u. a. 1969; *Jan Motte/ Bernhard Santel*, 60 Jahre Nordrhein-Westfalen – 60 Jahre Einwanderung. Die Geschichte des Landes als die Geschichte seiner Migrationen, in: Brautmeier, Jürgen/Heinemann, Ulrich (Hrsg.), Mythen – Möglichkeiten – Wirklichkeiten. 60 Jahre Nordrhein-Westfalen. (Düsseldorfer Schriften zur neueren Landesgeschichte und zur Geschichte Nordrhein-Westfalens, 77) Essen 2007, S. 17–33.

und knapp neun Prozent (2008) weiterhin an. Mit zunehmender Dauer ihres Aufenthalts erschien vielen Arbeitsmigrantinnen und -migranten bzw. faktischen Einwanderinnen und Einwanderern eine Rückkehr in ihr Heimatland immer weniger attraktiv. Nicht zuletzt durch den Familiennachzug erhöhte sich auch in Nordrhein-Westfalen die Verweildauer ausländischer Arbeitskräfte. Mittlerweile leben rund 40 Prozent der Ausländerinnen und Ausländer seit mehr als 20 Jahren in Nordrhein-Westfalen.[59]

Insbesondere diejenigen „Gastarbeiter", die blieben, haben das Bundesland Nordrhein-Westfalen zu einem Einwanderungsland gemacht. Sie haben die nordrhein-westfälische Wirtschaft maßgeblich mit weiterentwickelt, als unselbstständig Beschäftigte wie auch als Unternehmer, als Konsumenten und Verbraucher. Dabei ragt das Beispiel des türkischen Unternehmers Kemal Sahin heraus, der seine Aufenthaltsberechtigung in Deutschland durch die Gründung eines kleinen Textilhandels wahrte und heute mit der „Santex Moden GmbH" in Aachen eine der größten türkischen Firmen in der Bundesrepublik betreibt.

4 Japaner in Düsseldorf

Im Gegensatz zu der türkischstämmigen Bevölkerung bildet die japanische „Community" in Düsseldorf ein Beispiel

---

59 Vgl. *Bundesamt für Migration und Flüchtlinge* (Hrsg.), Ausländerzahlen 2008, Nürnberg 2008, S. 4 f.; *Nordrhein-Westfalen/ Statistisches Landesamt* (Hrsg.), Ausländische Arbeitnehmer in Nordrhein-Westfalen. Zahlenspiegel 1978, S. 82–84 und Zahlenspiegel 1982, S. 85 f.; *Ministerium für Generationen, Familie, Frauen und Integration* (wie Anm. 28), S. 60 f.

für eine temporäre Expertenzuwanderung, die sich u.a. auf Dienstleistungsbereiche wie Handel, Banken und Verwaltung konzentriert. Die nordrhein-westfälische Landeshauptstadt wurde nach dem Zweiten Weltkrieg zum Zielort der größten japanischen Zuwanderung in der Bundesrepublik Deutschland. Sie ist damit neben London „[...] das wichtigste Zentrum japanischer Wirtschaftsaktivität in Westuropa"[60] und die einzige deutsche „Japan town".[61] Düsseldorf war bereits im 19. Jahrhundert zu einer Anlaufstelle für japanische Wirtschaftsinteressen geworden. Doch nach dem Zweiten Weltkrieg profitierte die neu ernannte Landeshauptstadt zusätzlich von ihrer Ausweichfunktion für Berliner Firmen sowie von der geografischen Nähe zum politischen Zentrum der Bundesrepublik in Bonn. Zudem bot Düsseldorf aufgrund der zentralen Lage im zusammenwachsenden Europa und seiner Anbindung an die Häfen von Antwerpen und Rotterdam sowie an den expandierenden internationalen Flughafen optimale Voraussetzungen für ausländische Handels- und Firmenniederlassungen.[62] Damit wurde die Stadt am Rhein zu einer „zweiten Heimat" für japanische Unternehmen und ihre Mitarbeiter. 1977 existierten in Düsseldorf mehr als 200 japanische Firmenniederlassungen, rund 4000

---

60 *Günther Glebe/Birgit Montag*, Düsseldorf – Nippons Hauptstadt am Rhein, in: Frater, Harald (Hrsg.), Der Düsseldorf-Atlas. Geschichte und Gegenwart der Landeshauptstadt im Kartenbild. Köln 2004, S.74–77, hier S.74.
61 Vgl. *Ina Schaefer*, Klein-Nippon in Düsseldorf, online verfügbar, URL: <http://www.nrw2000.de/nrw/gastarbeiter-japan.htm> [letzter Zugriff: 20.05.2010].
62 Vgl. *Shunzo Sanchome*, Die Japaner zog es in die „Wolfsschlucht". Von den Anfängen der Japanischen Gemeinde in Düsseldorf, in: Düsseldorf Magazin, 1993, S.8–10; *Andreas Ueckel*, Warum gerade Düsseldorf? Gründe und Hintergründe für das japanische Wirtschaftsengagement, in: Das Tor 49, 1983, S.109–110.

Japaner lebten in Düsseldorf und Umgebung. Nach Angaben des Japanischen Konsulats waren 2009 von mehr als 12.000 Japanern in Nordrhein-Westfalen über 8000 in Düsseldorf gemeldet.[63]

Zuwanderung und Integration gehören somit zu den Kernthemen nordrhein-westfälischer Geschichte und machen aus dem größten deutschen Bundesland ein klassisches „Zuwanderungsland".[64] Allerdings galt Zuwanderung aus dem Ausland in Deutschland traditionell (und unhistorisch) als zeitlich befristetes Phänomen. Der faktisch damit verbundene Einwanderungsprozess wurde demgegenüber lange ignoriert. Erst seit den 1990er Jahren zeigt sich, unter dem sich abzeichnenden Druck der demografischen Entwicklung, eine politische Neuorientierung in Form einer gesetzlich geregelten Zuwanderung. Dies dokumentierte die Idee einer deutschen „Green Card" im Jahr 2000, die sich an hochqualifizierte ausländische Fachkräfte richtete. Den Facharbeitermangel im IT-Bereich sollten z. B. Experten aus Indien und Pakistan bewältigen helfen. Dass das Modell einer nordrhein-westfälischen Zuwanderungsgesellschaft zunächst nicht von allen politischen Parteien geteilt wurde, machten polemische Parolen wie „Kinder statt Inder" deutlich, mit denen Jürgen Rüttgers, der damalige Kandidat der CDU um das Amt des Nordrhein-Westfälischen Ministerpräsidenten, im Landtagswahlkampf 2000 erfolglos antrat. Der Zug der Zeit war damit nicht aufzuhalten. Interessanterweise wurde 2005 unter dem nun gewählten Ministerpräsidenten Jürgen Rüttgers ein Integrationsministerium geschaffen. An-

---

63   Vgl. Japanisches Generalkonsulat Düsseldorf, URL: <http://www. dus.emb-japan.go.jp/profile/deutsch/kulturbuero/japaner_in_ ddorf_2010-04.htm> [letzter Zugriff: 18.11.2011].
64   *Motte et al.*, 2007 (wie Anm. 58), S. 18 und S. 27.

fang 2012 verabschiedete der nordrhein-westfälische Landtag das „Gesetz zur Förderung der gesellschaftlichen Teilhabe und Integration".

Kapitel 3
Zwischen Prosperität und Krise: Strukturwandel als Erfahrung in Nordrhein-Westfalen

Das Bundesland Nordrhein-Westfalen blickt auf eine mehr als 60-jährige Wirtschaftsgeschichte zurück, die von Konjunkturbewegungen und Strukturveränderungen geprägt ist. Erfolgreichen, expansiven Zeiträumen des wirtschaftlichen Wachstums und der Hochkonjunktur folgen Phasen der Stagnation und Rezession, dramatische Abstürze und Krisen. Derartig komplexe gesamtwirtschaftliche Schwankungen, also konjunkturelle Auf- und Abwärtsbewegungen, gehören zum Wesen wirtschaftlicher Verläufe und lassen sich mit Hilfe von Kennzahlen wie dem Bruttoinlandsprodukt (BIP) oder der Bruttowertschöpfung (BWS), die die wirtschaftliche Leistungsfähigkeit eines Landes oder Staates bezeichnen bzw. den Anteil der einzelnen Wirtschaftsbereiche beleuchten, nachvollziehbar machen. Sie unterscheiden sich von strukturell begründeten Krisen, die die wirtschaftliche Situation eines einzelnen Marktes, einer Branche oder eines ganzen Wirtschaftssektors bezeichnen und sich in einer rückläufigen Nachfrage und Produktions- bzw. Angebotsüberkapazitäten zeigen.

Die damit verbundenen Konsequenzen für den Arbeitsmarkt sind in den individuellen Erinnerungen der Menschen als auch im kollektiven Gedächtnis fest verankert. Beschäftigung und Arbeitslosigkeit sind nicht nur aussagekräftig in Bezug auf die allgemeine wirtschaftliche Lage, sondern auch in Bezug auf Erfolg und Misserfolg individueller Strategien und weltweiter Trends. Sie produzieren Gewinner, Verlierer, Sorgenkinder oder Sündenböcke, aber auch Wunderkinder oder Musterknaben.

1 Vom Wiederaufbau zum Wirtschaftswunder: Wachstum als Normalfall?

Nach den Zerstörungen des Zweiten Weltkrieges erschien vielen Zeitgenossen die Erfolgsgeschichte der Bundesrepublik Deutschland und speziell der nordrhein-westfälischen Wirtschaft in den späten 1940er und 1950er Jahren geradezu als „Wunder". Getragen vom raschen Anstieg der Kohleförderung des rheinisch-westfälischen Industriegebietes fungierte das junge Bundesland als „Lokomotive des Wiederaufbaus". Dies umso mehr, als der Koreakrieg zwischen 1950 bis 1953 die weltweite Nachfrage nach Stahl und Investitionsgütern „made in West Germany" belebte und damit eine lang anhaltende Aufschwungphase begründete. Dementsprechend verzeichnete das nordrhein-westfälische Bruttoinlandsprodukt in den 1950er Jahren einen enormen Anstieg, der zwischen 1951 und 1953 sogar zweistellig ausfiel und zwischen 1951 und 1956 im Durchschnitt um fast neun Prozent zunahm (Abbildung 4).[65]

Anders als auf Bundesebene trübte indessen in Nordrhein-Westfalen schon 1958 ein Einbruch von −0,4 Prozent erstmals die Wachstumseuphorie. Die später als Kohlekrise

65 Vgl. *Nonn*, 2009 (wie Anm. 6), S. 79 f.; *LDS NRW* (Hrsg.), Statistische Jahrbücher NRW 1952 ff.

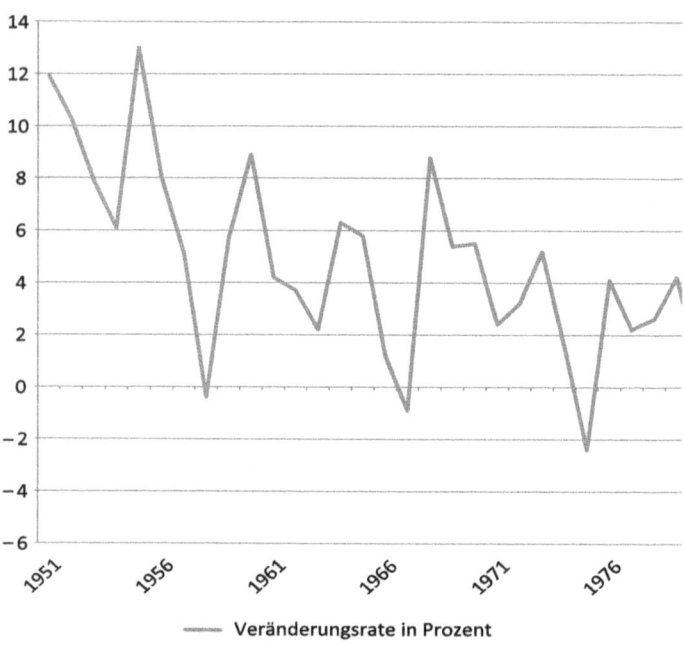

━━━ **Veränderungsrate in Prozent**

Abbildung 4a: Entwicklung des nordrhein-westfälischen Bruttoinlandsprodukts, Veränderungen in Prozent (1951–1980)
Quelle: Statistische Jahrbücher NRW und Arbeitskreis „Volkswirtschaftliche Gesamtrechnungen der Länder", URL:<http://www.vgrdl.de/Arbeitskreis_VGR/tbls/Rtab02.asp> [Letzter Zugriff: 11.11.2010].

bezeichneten Probleme der monoindustriell geprägten Region resultierten aus den immer deutlicher zutage tretenden Absatzschwierigkeiten im Bergbau. Sie kündigten die sich abzeichnende Energiewende von der Kohle zum billigeren und leichter zu transportierenden Erdöl an.[66] Eine dauerhaf-

---

66 Grundlage für die im Folgenden genannten Zahlen sind die Veröffentlichungen des Statistischen Bundesamtes, online verfügbar unter URL: <http://www.destatis.de/jetspeed/portal/cms/>. Darüber hinausführende Quellen sind ausgewiesen.

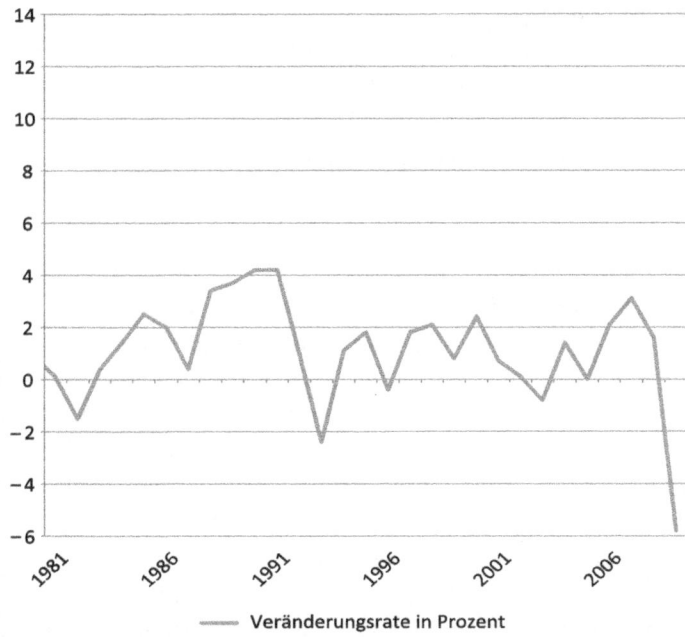

— Veränderungsrate in Prozent

Abbildung 4b: Entwicklung des nordrhein-westfälischen Bruttoinlandsprodukts, Veränderungen in Prozent (1981–2009)
Quelle: Statistische Jahrbücher NRW und Arbeitskreis „Volkswirtschaftliche Gesamtrechnungen der Länder", URL:<http://www.vgrdl.de/Arbeitskreis_VGR/tbls/Rtab02.asp> [Letzter Zugriff: 11.11.2010].

te Krisenstimmung ließen die sich rasch wieder normalisierenden Wachstumsraten allerdings noch nicht aufkommen. 1959 legte das nordrhein-westfälische BIP um fast sechs Prozent zu, 1960 sogar um knapp neun Prozent und bis zur Mitte der 1960er Jahre lag die Rate bei stabilen fünf Prozent. Sie unterschritt damit jedoch dauerhaft den Bundesdurchschnitt. Seither ruhte ein Schatten auf der nordrhein-westfälischen Erfolgsgeschichte, befand sich das Land doch stets

im Hintertreffen zu den aufholenden süddeutschen Flächenstaaten wie auch dem Bundesdurchschnitt.

2 Konjunkturelle Wechsellagen und altindustrielle Hypotheken

Besonders eindringlich schien die wirtschaftliche Entwicklung 1966/67 beeinträchtigt, als eine bundesweite Rezession
nicht nur den Kohleabsatz dramatisch einbrechen ließ, sondern auch die Absatzprobleme in zwei weiteren industriellen
Leitsektoren, der Textil- und Stahlindustrie, verschärfte. Die
wirtschaftliche Spitzenstellung, die Nordrhein-Westfalen in
der bundesdeutschen Wirtschaft innegehabt hatte, geriet damit zusehends ins Wanken. Obgleich bis Ende der 1960er
Jahre weiterhin ein Wachstum erreicht wurde, lag das nordrhein-westfälische BIP 1971 mit 2,4 Prozent nicht nur unter
dem Bundesdurchschnitt von 3,1 Prozent, sondern auch hinter dem „Musterländle" Baden-Württemberg mit 3,1 Prozent
und dem industriellen *late comer* Bayern mit über 4 Prozent.[67]

Spätestens die sogenannte Ölkrise 1973/74 machte aus
dem einstigen Wirtschaftswunderkind das Sorgenkind der
Nation. 1975 vollzog sich der stärkste Einbruch in der Wirtschaftsgeschichte des Landes, als das BIP um 2,4 Prozent
sank. Belastet durch die Strukturkrise im Montanbereich
waren niedrige Wachstumsraten fortan an der Tagesordnung.
Zwischen 1971 und 1979 wuchs die Wirtschaft im bevölke-

---

67 Vgl. *Nonn*, 2009 (wie Anm. 6), S. 95; Arbeitskreis „Volkswirtschaftliche Gesamtrechnungen der Länder"/Statistisches Landesamt Baden-Württemberg, Stuttgart, URL: <http://www.vgrdl.de/
Arbeitskreis_VGR/tbls/Rtab02.asp> [letzter Zugriff: 11.11.2010].

rungsreichsten Bundesland durchschnittlich lediglich um 2,4 Prozent und damit wiederum deutlich geringer als etwa in Bayern mit 3,8 Prozent.[68]

Vor dem Hintergrund struktureller Brüche gilt die Periode zwischen den ausgehenden 1970er und den 1990er Jahren zwar weithin als die entscheidende Phase des Niedergangs der nordrhein-westfälischen Wirtschaft, angemessen ist die Rede vom sterbenden Industriestandort indessen nur für einzelne Wirtschaftsbereiche. Neben dem Steinkohlebergbau und dem Textilsektor litt seit den 1980er Jahren auch die Stahlbranche unter dauerhaften Absatzschwierigkeiten, sodass insgesamt mehrere Hunderttausend Arbeitsplätze verloren gingen. Davon kaum betroffene Branchen wie z. B. die Chemie und der Maschinenbau konnten indessen wie auch andere Industriesektoren die entstandene Lücke nicht hinlänglich schließen. Das nordrhein-westfälische BIP wuchs dementsprechend nur schwach – zwischen 1980 und 1989 durchschnittlich um bescheidene 1,3 Prozent. Auf der Grundlage innovativer Leitindustrien wie etwa dem Maschinenbau mit Automobil- oder Flugzeugindustrie sowie einer anderen wirtschafts- und strukturpolitischen Orientierung expandierte die Wirtschaft Bayerns und Baden-Württembergs im gleichen Zeitraum dagegen mit 2,6 bzw. 2,5 Prozent – und auch der Bundesdurchschnitt lag mit rund 2 Prozent weiterhin höher.[69]

68 Vgl. Arbeitskreis „Volkswirtschaftliche Gesamtrechnungen der Länder"/Statistisches Landesamt Baden-Württemberg, Stuttgart, URL: <http://www.vgrdl.de/Arbeitskreis_VGR/tbls/Rtab02.asp>; <http://www.vgrdl.de/Arbeitskreis_VGR/ergebnisse.asp> [letzter Zugriff jeweils 21.06.2010].
69 Vgl. *Nonn*, 2009 (wie Anm. 6), S. 107–110; Arbeitskreis „Volkswirtschaftliche Gesamtrechnungen der Länder"/Statistisches Landesamt Baden-Württemberg, Stuttgart, URL: <http://www.vgrdl.de/Arbeitskreis_VGR/tbls/Rtab02.asp> [Letzter Zugriff: 11.11.2010].

Zu Beginn der 1990er Jahre profitierte zwar auch die nordrhein-westfälische Wirtschaft von der deutsch-deutschen Wiedervereinigung, die einen kurzen und heftigen Wachstumsanstieg auslöste. Dieser Trend wurde jedoch schon 1993 von einer weiteren Rezession und rückläufigen Wachstumzahlen abgelöst. Das schwache Wachstum schwankte bis zum Ende des Jahrzehnts um die zwei Prozent und fiel damit, wenngleich in geringerem Maße, erneut schwächer aus als in den südlichen Bundesländern und im Bundestrend. Einen erneuten Einbruch gab es 2003, als die nordrhein-westfälische Wirtschaft erstmals seit 1993 wieder schrumpfte. Und zuletzt wurde die Hoffnung auf eine nachhaltigere Erholung durch die 2007 einsetzende Finanz- und Wirtschaftskrise, die sich seit Ende 2008 auch auf die Realwirtschaft auswirkte, zunichte gemacht. Das durchschnittliche Wachstum des BIP lag in der ersten Dekade gerade noch bei einem halben Prozent und blieb weiterhin hinter Bayern (1,5 Prozent), Baden-Württemberg (0,7 Prozent) und dem Bundesdurchschnitt (0,8 Prozent) zurück.[70] Dennoch bleibt Nordrhein-Westfalen zuletzt mit einem Anteil von 21,7 Prozent am deutschen Bruttoinlandsprodukt (BIP) „Deutschlands Wirtschaftsregion Nr. 1" vor Bayern und Baden-Württemberg (Stand: 2010). Und mit 4,4 Prozent des europäischen BIP (EU-27) ist das Land zugleich eine der bedeutendsten Wirtschaftsregionen Europas.[71]

---

70 Vgl. Arbeitskreis „Volkswirtschaftliche Gesamtrechnungen der Länder"/Statistisches Landesamt Baden-Württemberg, Stuttgart, URL: <http://www.vgrdl.de/Arbeitskreis_VGR/tbls/tab02.asp> [Letzter Zugriff: 21.06.2010].
71 Vgl. *NRW Invest*, URL: <http://www.nrwinvest.com/nrwinvest_deutsch/NRW_im_Ueberblick/Daten_Fakten/Wirtschaftsregion/index.php> [Letzter Zugriff: 11.01.2012].

3 Der Arbeitsmarkt als Indikator des Strukturwandels

Im Gegensatz zu abstrakten Wachstumsindikatoren wie „Bruttoinlandsprodukt" oder „Bruttowertschöpfung" ist die Situation am Arbeitsmarkt viel unmittelbarer mit der individuellen Wahrnehmung einer florierenden Wirtschaft wie auch von privatem Wohlstand verbunden. Erwerbstätigkeit ist ein primäres Mittel sozialer Existenzsicherung und individueller Selbstverwirklichung. Arbeitslosigkeit hingegen schränkt die Menschen nicht nur im ökonomischen, sondern auch im gesellschaftlichen Sinne ein. Die Arbeitslosenquote gibt Auskunft über den Stand der Beschäftigung in einer Volkswirtschaft und beschreibt die Zahl der Arbeitslosen im Verhältnis zu den Erwerbstätigen.[72] Bei der Entwicklung der Arbeitslosigkeit sollte auch der Zusammenhang mit einer schrumpfenden Wettbewerbsfähigkeit durch steigende Lohn- und Sozialkosten berücksichtigt werden.

Besondere Bedeutung für die Beschäftigungsentwicklung in Nordrhein-Westfalen erlangte die sogenannte strukturelle Arbeitslosigkeit, die in Zusammenhang mit der Entwicklung einzelner Branchen wie dem Bergbau, dem Textilsektor oder der Eisen- und Stahlindustrie seit den ausgehenden 1950er Jahren gesehen werden muss. Zu Beginn des „Wirtschaftswunders" überraschte die nordrhein-westfälische Wirtschaft trotz zerstörter Produktionsstätten, Rohstoffknappheit und einer restriktiv gehandhabten Zwangsbewirtschaftung durch die Besatzungsmächte mit einem erstaunlichen Beschäftigungsstand. Lag die Arbeitslosenquote 1945 noch bei über sieben Prozent, so hatten sich die Arbeitslosenzahlen bis 1948 bereits

---

72 Vgl. *Dieter Brümmerhoff*, Volkswirtschaftliche Gesamtrechnungen. 9. Aufl. München 2011.

halbiert.[73] Und mit dem beginnenden Wirtschaftsboom verbesserte sich das Bild des nordrhein-westfälischen Arbeitsmarktes weiter. Während zur Jahreswende 1949/50 bundesweit noch gut zehn Prozent der Erwerbspersonen arbeitslos gemeldet waren, lag die Arbeitslosenquote in Nordrhein-Westfalen mit rund 170.000 erwerbslosen Personen bei lediglich 4,5 Prozent.[74]

Diese optimistisch stimmenden Daten aus der Nachkriegszeit waren erst der Anfang einer nordrhein-westfälischen Erfolgsgeschichte, denn ab der zweiten Hälfte der 1950er Jahre meldete Nordrhein-Westfalen Vollbeschäftigung. Der Durchschnittswert für die 1950er Jahre betrug knapp über zwei Prozent gegenüber fast sieben Prozent im Bundesdurchschnitt. Von der Kohlekrise der Jahre 1957/58 zeigte sich der Arbeitsmarkt Nordrhein-Westfalens dagegen noch unberührt.[75] Daran änderte sich grundsätzlich auch in den 1960er Jahren wenig, was auf die hohe Absorptionsmöglichkeit benachbarter Industriezweige wie etwa der Eisen- und Stahlindustrie schließen lässt. Mit Ausnahme der Jahre 1967/68, als die Arbeitslosenquote auf über zwei Prozent anstieg, bewegte sich die Beschäftigungslosigkeit im Durchschnittswert bei unter einem Prozent. Sie war damit nur halb so hoch wie in Bayern und auch der Bundestrend konnte unterschritten werden. Damit waren die Arbeitslosenzahlen für ein Vierteljahrhundert, von einigen kurzen Ausschlägen abgesehen, stetig gesunken.

---

73 Vgl. *Bundesministerium für Arbeit und Sozialordnung* (Hrsg.), Arbeits- und Sozialstatistik. Hauptergebnisse 1958–1962 und Hauptergebnisse 1990, Bonn 1958–62 (1990); *Bayerisches Landesamt für Statistik* (Hrsg.), Statistisches Jahrbuch für Bayern, München 1955; *LDS NRW* (Hrsg.), Statistische Jahrbücher NRW 1950/51 und 1958.

74 Vgl. *Dieter Borchert*, Arbeitsmarkt und Arbeitsmarktpolitik in Nordrhein-Westfalen seit Ende des II. Weltkrieges bis 1949/50. (Europäische Hochschulschriften, Reihe 3, 312) Frankfurt/Main u. a. 1987, S. 313.

75 Vgl. *LDS NRW* (Hrsg.), Statistisches Jahrbuch NRW 1960 f.

Die Ölkrise indessen rückte die Erfahrung von der Wechselhaftigkeit wirtschaftlicher Verläufe erneut ins öffentliche Bewusstsein.[76] Sprunghaft stieg die Arbeitslosenzahl, die 1973 noch bei lediglich 83.000 gelegen hatte, 1974 auf 180.000 an und am Ende des Jahrzehnts waren bereits 290.000 Menschen in Nordrhein-Westfalen arbeitssuchend gemeldet. Ein Negativtrend, der sich auch in den 1980er Jahren unvermindert fortsetzte und 1988 mit über 750.000 Arbeitslosen einen Rekordwert erreichte. Elf Prozent aller Erwerbspersonen in Nordrhein-Westfalen waren damit ohne Job (Abbildung 5).[77]

Dass nicht die konjunkturelle Weltwirtschaftslage, sondern strukturelle Krisenerscheinungen in einzelnen Wirtschaftsbereichen den Ausschlag für diese Entwicklung gaben, zeigen der Landes- und Bundesvergleich. Während bis Mitte der 1970er Jahre die Arbeitslosenquote in Nordrhein-Westfalen stets niedriger ausgefallen war als in Bayern und in etwa dem Bundesdurchschnitt entsprochen hatte, änderte sich das Bild von nun an. In den 1980er Jahren lag die durchschnittliche Arbeitslosenquote des bevölkerungsreichsten Bundeslandes um ein Drittel höher als die Bayerns, doppelt so hoch wie die Baden-Württembergs und immer noch fast zwei Prozentpunkte über dem Bundesdurchschnitt.

Das durch die Wiedervereinigung ausgelöste kurze Wirtschaftswachstum wirkte sich vorübergehend positiv auf die Beschäftigungszahlen aus, sodass die Arbeitslosenquote auch in Nordrhein-Westfalen nach dem Mauerfall von zehn auf

---

76 Vgl. *Heinz Günter Steinberg*, Eine Bevölkerung im Wandel. Mehr Dienstleister und fortschreitende Ballung, in: Köhler, Wolfram (Hrsg.), Nordrhein-Westfalen. Fünfzig Jahre später. 1946–1996. (Düsseldorfer Schriften zur neueren Landesgeschichte und zur Geschichte Nordrhein-Westfalens, 46) Essen 1996, S. 45–56, hier S. 51 f.

77 Vgl. *LDS NRW* (Hrsg.), Statistische Jahrbücher NRW 1945 ff.

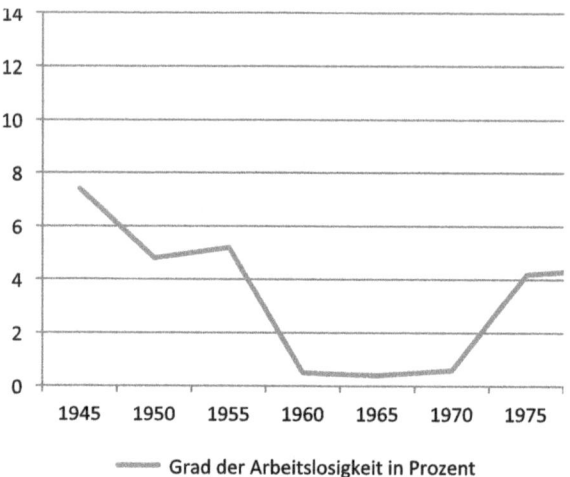

Grad der Arbeitslosigkeit in Prozent

Abbildung 5a: Entwicklung der Arbeitslosenquote in NRW (1945–1975)
Quelle: Statistische Jahrbücher NRW.

acht Prozent zurückging. Bereits 1994 lag sie jedoch wieder im zweistelligen Bereich und hatte 1997 mit mehr als 12 Prozent einen neuen Höchststand erreicht.

Das 21. Jahrhundert begann vielversprechend mit steigender Beschäftigung. Dennoch bewegte sich die Arbeitslosenquote zwischen zehn und elf Prozent weiterhin über dem Bundesdurchschnitt. Ebenso ließ sich anhand der Strukturmerkmale ablesen, dass gerade die Langzeitarbeitslosigkeit in Nordrhein-Westfalen ausgeprägter war als im übrigen Bundesgebiet, weil z. B. der Anteil der arbeitslosen Erwerbspersonen, die entweder nie erwerbstätig waren oder eine relativ geringe Erwerbsdauer erreichten, höher ausfiel.[78] So war es

---

78 Vgl. *LDS NRW* (Hrsg.), Statistisches Jahrbuch NRW 2004; *Beate Müller*, Struktur der Arbeitslosigkeit in Nordrhein-Westfalen zu Beginn des Jahres 2000. (Schriften und Materialien zur Regionalforschung, 1) Essen 2002, S. 9 f.

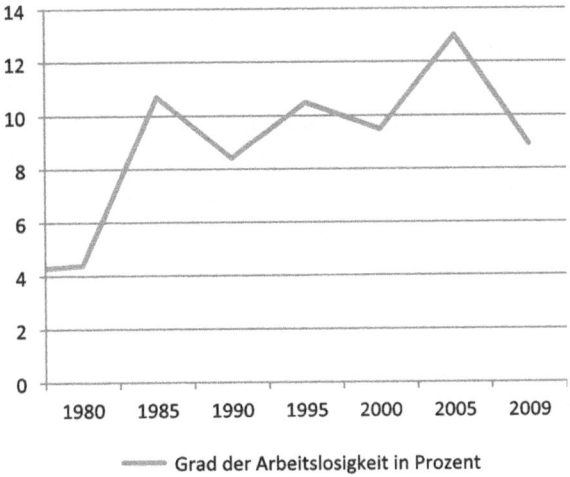

Abbildung 5b: Entwicklung der Arbeitslosenquote in NRW (1980–2009)
Quelle: Statistische Jahrbücher NRW.

kaum überraschend, dass Nordrhein-Westfalen im nächsten Krisenjahr 2003 im Gegensatz zu Bayern mit 8,9 und Baden-Württemberg mit 7,8 Prozent erneut einen Rekordwert von 13 Prozent aufwies. Und auch die seither zutage tretenden positiven Entwicklungen wurden durch die 2007 einsetzende Finanz- und Wirtschaftskrise erneut zunichte gemacht. Durchschnittlich waren in Nordrhein-Westfalen zwischen 2000 und 2009 jährlich zwischen 760.000 und eine Million Menschen arbeitslos gemeldet. Dies ist der mit Abstand höchste Wert in der rund 60-jährigen Geschichte des Bundeslandes. Im Bundesvergleich wurde Nordrhein-Westfalen lediglich von den neuen Bundesländern und Bremen überholt.[79]

---

79 Vgl. Abfrage Genesis-Online Datenbank des Statistischen Bundesamtes zum Arbeitsmarkt 1991–2011, URL: <https://www-genesis.destatis.de/genesis/online> [letzte Abfrage am 11.01.2012].

Dies zeigt, dass die Arbeitsmarktentwicklung in Nordrhein-Westfalen bis in die Gegenwart hinein an einer schweren wirtschaftlichen Hypothek trägt. So konnte die Beschäftigungslosigkeit zwar in konjunkturellen Aufschwungphasen abgebaut werden, doch stieg der verbleibende Sockel von Krise zu Krise an, sodass in Nordrhein-Westfalen seit Mitte der 1970er Jahre eine hohe und überzyklisch steigende Arbeitslosigkeit herrschte. Ungeachtet aller Bemühungen wirkt die seit den 1970er Jahren in Auflösung begriffene monoindustrielle Prägung einiger Landesteile bis heute nach und schlägt sich insbesondere in Krisenzeiten in deutlich geringeren Wachstumsraten und einer stärkeren Anfälligkeit der Arbeitsmärkte nieder.

Wie stark die strukturellen Veränderungen in der nordrhein-westfälischen Wirtschaft den Arbeitssektor geprägt haben, zeigt auch die Verteilung der Beschäftigten auf die einzelnen Wirtschaftssektoren. Dabei entwickelte sich der Dienstleistungssektor zusehends zum Jobmotor, während die Zahl der Beschäftigten im produzierenden Gewerbe stetig abnahm und die Landwirtschaft, anteilsmäßig gesehen, ohnehin seit Längerem in der Bedeutungslosigkeit versunken war. So waren 1950 noch mehr als zehn Prozent der Erwerbspersonen in der Landwirtschaft, 55 Prozent im Produzierenden Gewerbe und nur 17 Prozent im Bereich Handel und Verkehr und 16 Prozent im übrigen Dienstleistungsbereich beschäftigt gewesen.[80]

---

80 Vgl. *Werner Abelshauser*, Wirtschaft und Politik. Die Ausgangsbedingungen der nordrhein-westfälischen Wirtschaft nach 1945, in: Bußmann, Ludwig (Hrsg.), Die Wirtschaft des Landes Nordrhein-Westfalen. (Schriften zur politischen Landeskunde Nordrhein-Westfalens, 4) Düsseldorf 1988, S.43–62, hier S.62; *Götz Voppel*, Nordrhein-Westfalen. (Bundesrepublik Deutschland, 6) Darmstadt 1993, S.63.

Jahr		1950	1961	1970	1980	1990	2000	2007
Land- und Forstwirtschaft	RVR	4,5	2,4	1,5	1,4	1,2	1,2	1,1
	NRW	11,7	6,4	4,3	2,5	2,2	1,7	1,5
	BRD	23,3	13,6	9,1	5,3	3,6	2,5	2,3
Produzierendes Gewerbe	RVR	63,4	61,3	58,4	51,7	44,4	33,3	27,8
	NRW	55,1	56,4	55,7	48,4	42,5	33,5	29,5
	BRD	43,3	47,7	49,4	45,3	10,6	33,5	29,7
Dienstleistungen	RVR	23,1	36,6	40,0	47,0	54,4	65,4	71,1
	NRW	33,2	37,2	40,1	49,2	55,3	64,9	69,0
	BRD	33,4	38,8	41,5	49,4	55,8	64,0	68,0
Arbeitslosenquote	RVR			0,6	5,3	10,8	12,2	11,9
	NRW	4,8	0,4	0,5	4,4	8,4	9,5	9,0
	BRD	10,3	0,5	0,5	3,5	6,6	10,0	8,2

Abbildung 6: Entwicklung der Erwerbstätigen nach Wirtschaftsbereichen in Prozent (1950–2007)

Quelle: Stefan Goch, Von der Kohlekrise zum neuen Ruhrgebiet: Strukturwandel und Strukturpolitik, in: Golombek, Jana (Hrsg.), Schichtwechsel. Von der Kohlekrise zum Strukturwandel. Essen 2011, S. 6–19, hier: S. 9. RVR umfasst das Gebiet des Regionalverbands Ruhr und seiner Vorläuferorganisationen.

Dem Trend in den „alten" Industriestaaten folgend verharrte die Beschäftigung Nordrhein-Westfalens bei der Land- und Forstwirtschaft auf niedrigem Stand, im produzierenden Gewerbe nahm sie stark ab. Damit brach auch für Nordrhein-Westfalens Wirtschaft das Zeitalter der Dienstleistungs- und Informationsgesellschaft an. So sank bis zum Anfang des 21. Jahrhunderts der Anteil der im primären und sekundären Sektor Beschäftigten auf zusammen 35 Prozent. Dagegen stieg der Beschäftigungsanteil im Bereich der öffentlichen und privaten Dienstleistungen von 1970 bis 2007 von 40 auf knapp 70 Prozent der Erwerbstätigen an. In den 1990er Jahren übertraf der Dienstleistungsbereich erstmals die Beschäftigtenzahlen in Industrie, Bergbau und Gewerbe. Zwischen 2000 und 2007 konnte die Zahl der Erwerbstätigen allein im Dienstleistungsbereich signifikant gesteigert werden, während der Negativtrend bei der Beschäftigung im produzierenden Gewerbe anhielt (Abbildung 6).[81] Diese Entwicklung deckt sich mittlerweile mit dem bundesdeutschen Trend leicht rückläufiger Beschäftigungszahlen im produzierenden Gewerbe und einem Anstieg bei den Dienstleistungen, insbesondere in den Bereichen Unternehmensdienstleistungen und sonstige Dienstleistungen in Information und Kommunikation, Finanz- und Versicherungsdienstleister, Erziehung, Gesundheit usw. Allerdings zeigen sich bei einem Ländervergleich mit den „neuen Bundesländern" für Nordrhein-Westfalen schwächere Wachstumsraten im Dienstleistungssektor.

4 Die nordrhein-westfälische Wirtschaft als „Exportmeister"

Neben altindustriellen Hypotheken weist die nordrhein-westfälische Wirtschaft auch strukturelle Vorzüge auf. Einer davon liegt in der starken handelspolitischen Verflechtung nordrhein-westfälischer Unternehmen mit den Auslandsmärkten. Die Wirtschaftsgeschichte der vergangenen sech-

---

81 Vgl. *Voppel*, 1993 (wie Anm. 80), S. 61; *Stefan Goch*, Einleitung. Strukturwandel und Strukturpolitik in Nordrhein-Westfalen: Vergleichsweise misslungen oder den Umständen entsprechend erfolgreich? in: Goch, 2004 (wie Anm. 10), S. 11–53, hier S. 24 f.

zig Jahre zeigt, dass das Wachstum des Landes Nordrhein-Westfalen immer eng mit der Außenwirtschaft verbunden war. Mehr als 50 Prozent seiner Wirtschaftsleistung generiert das Bundesland heute über den Außenhandel. Er fungierte rückblickend als eine wirtschaftliche Konstante, dem selbst strukturelle Veränderungen, Rezessionen und auch abweichende Entwicklungen in den einzelnen Wirtschaftsbereichen wenig anhaben konnten.[82]

Die nordrhein-westfälische Wirtschaft ist also in hohem Maße exportabhängig. Mit einem Außenhandelsvolumen von rund 300 Milliarden Euro erwirtschaftet sie rund 20 Prozent der gesamtdeutschen Ausfuhr. Nach dem Ende des Zweiten Weltkriegs stellte der Außenhandel Nordrhein-Westfalens einen entscheidenden Faktor für den schnellen wirtschaftlichen Wiederaufstieg der Bundesrepublik dar. Als wesentliches Moment erwies sich neben der institutionellen Einbettung in das Weltwirtschaftssystem die erhöhte internationale Nachfrage im Zuge des Korea-Booms. Im weiteren Verlauf ging der Anteil der Aus- und Einfuhren zwar – nicht zuletzt aufgrund des Strukturwandels – zurück, behielt aber über die Jahrzehnte hinweg eine exponierte Bedeutung.

1953 lag der Anteil des Landes an der Ausfuhr des Bundesgebietes im Bereich Rohstoffe bei über 80 Prozent und bei Halbwarengütern bei knapp 60 Prozent. Im Segment Fertigwaren wurden 40 Prozent erreicht. Insgesamt kamen rund 46 Prozent aller Ausfuhren der jungen Bundesrepublik aus Nordrhein-Westfalen. Dies zeigt, dass Nordrhein-Westfalen

---

82 Vgl. *Statistische Ämter des Bundes und der Länder* (Hrsg.), Stichwort Außenhandel, URL: <http://statistik-portal.de/Statistik-Portal/de_zs18_nrw.asp> [Letzter Zugriff: 16.08.2010]; *Information und Technik Nordrhein-Westfalen, Geschäftsbereich Statistik* (Hrsg.), Statistisches Jahrbuch NRW 2009.

schon früh als westdeutscher „Exportmeister" agierte.[83] Dabei profitierte das Bundesland insbesondere von der Errichtung eines gemeinsamen Europäischen Marktes, der durch die am 23. Juli 1952 zwischen Belgien, der Bundesrepublik Deutschland, Frankreich, Luxemburg und den Niederlanden geschlossene Montanunion vorbereitet und 1957 schließlich durch die Gründung der Europäischen Wirtschaftsgemeinschaft fest etabliert wurde.

Im Hinblick auf die geografische Struktur der Absatzmärkte zeigten sich in den vergangenen sechzig Jahren kaum Verschiebungen. Grundlage für die außerordentliche Dynamik des nordrhein-westfälischen Exports in den 1950er Jahren war die Verflechtung mit den europäischen Nachbarn. Der Handel mit den Benelux-Staaten sowie der führenden europäischen Volkswirtschaft Frankreich und dem *Newcomer* Italien profitierte von der voranschreitenden europäischen Integration.

Nicht zuletzt privatwirtschaftlichen Initiativen, etwa des Kölner Unternehmers Otto Wolff, ist es zu verdanken, dass der „Osthandel" seit den 1970er Jahren an Dynamik gewann. Ihm folgten seit den 1980er und 1990er Jahren der Fall des „Eisernen Vorhangs", die ökonomische Öffnung der VR China sowie die sukzessive EU-Osterweiterung. All dies machte Nordrhein-Westfalen in geografischer Hinsicht zur handelswirtschaftlichen Drehscheibe Europas. Berücksichtigt man die abnehmende Bedeutung der Länder Afrikas wie auch des Nahen und Mittleren Ostens, dann zeigt sich, dass die Regionalisierung, also die Verflechtung von Regionen über Ländergrenzen hinweg, für den Außenhandel Nordrhein-Westfalens eine wichtigere Rolle spielt als der mit dem Begriff der Globalisierung implizierte transkontinentale Handel.

---

83 Vgl. *LDS NRW* (Hrsg.), Statistisches Jahrbuch NRW 1953.

Als prägend für die gesamtwirtschaftliche Entwicklung Nordrhein-Westfalens nach dem Zweiten Weltkrieg erwies sich zusammenfassend die Erfolgsgeschichte der späten 1940er und 1950er Jahre. Die günstigen Ausgangsbedingungen auf dem Binnenmarkt ermöglichten einen Nachkriegsboom, der mit einer steigenden internationalen Nachfrage einherging und das Land an die Spitze der bundesdeutschen Wirtschaft katapultierte. Mithin kennzeichnete die Jahre 1955 bis 1975 ein starkes Wirtschaftswachstum, das aber schon bald durch erste wirtschaftliche Stockungsphasen (Kohleabsatzkrise 1957/58, Rezession 1966/67) beeinträchtigt wurde. Eine nachhaltige Zäsur für Wirtschaftswachstum und Beschäftigungsentwicklung trat aber erst infolge der Ölkrise 1973 ein, die die außerordentlichen Wachstumsverläufe endgültig auf normale Bahnen lenkte und die monoindustriell geprägte nordrhein-westfälische Wirtschaftsstruktur zusehends zu einer Belastung machte.

Seither bewegte sich der Wachstumsverlauf im Vergleich zu den wirtschaftlich „Goldenen Zeiten" der 1950er bis 1970er Jahre auf deutlich niedrigerem Niveau. Die anhaltenden Klagen über die wirtschaftliche Entwicklung erscheinen indessen vor allem vor dem Hintergrund der außergewöhnlichen Wachstumsraten aus den späten 1940er und 1950er Jahren verständlich. Denn mit einem Beitrag von rd. 22 Prozent zum deutschen BIP (2008) spielt der Wirtschaftsstandort Nordrhein-Westfalen gegenüber den 14 Prozent Baden-Württembergs und den knapp 18 Prozent Bayerns in Deutschland, Europa und der Welt damals wie heute eine bedeutende Rolle.[84]

---

84 Vgl. *Information und Technik Nordrhein-Westfalen, Geschäftsbereich Statistik* (Hrsg.), Statistisches Jahrbuch NRW 2009.

Der historische Blick zurück erlaubt damit eine grundsätzlich optimistische Lesart. Die hohen strukturbedingten Arbeitsplatzverluste beim produzierenden Gewerbe, die zwischen 1961 und 1987 rund 1,5 Mio. Stellen ausmachten, können mittlerweile als aufgefangen gelten. Der Bergbau spielt für die Beschäftigung keine nennenswerte Rolle mehr. An die Stelle der Monoindustrie rücken hochgradig diversifizierte Angebotsstrukturen, die insbesondere von der wachsenden Nachfrage nach Umwelttechnologie und regenerativen Energien profitieren. Die Textilindustrie präsentiert sich nach dem Schrumpfungsprozess als innovativ und zukunftsfähig.[85] Zudem eröffnen Wirtschaftsbereiche der Informations- und Kommunikationstechnologie neue Beschäftigungsmöglichkeiten, die sich langfristig ausgleichend auf die Wirtschaftsstruktur des Landes auswirken dürften. Einen besonderen Stellenwert nimmt dabei die Gesundheitswirtschaft in Nordrhein-Westfalen ein. Bereits heute ist sie die bedeutendste Einzelbranche des Landes. Sie stellt sich als Wachstumsbranche und Innovationsmotor dar. Rund 1,1 Mio. Menschen sind in der Gesundheitswirtschaft Nordrhein-Westfalens tätig.

Verbindet man diese Aussichten mit der starken und erfolgreichen Exportindustrie des Landes Nordrhein-Westfalen und schaut auf neue Wachstumsmärkte wie etwa Brasilien, Indien und China sowie die beachtlichen wirtschaftlichen Verflechtungen, so besteht die begründete Hoffnung, dass die hohe Sockelarbeitslosigkeit in den nächsten Jahrzehnten weiterhin sukzessive abnehmen wird. Damit stellen sich die Ausgangsbedingungen für das beginnende 21. Jahrhundert wesentlich besser dar, als dies noch in den 1980er und 1990er Jahren der Fall war.

---

85 Vgl. *Goch*, 2004 (wie Anm. 81), S. 22 f.

Kapitel 4
Von der Monostruktur zum Branchenmix: Vielfalt als Schlüsselkompetenz

W andel hat eine Heimat", meinten Stephan Goch und Karsten Rudolph vor Kurzem und wandten sich damit gegen einen allzu pessimistischen Umgang mit den Folgen des Strukturwandels.[86] Schließlich ist der Druck, sich neuen Gegebenheiten anzupassen, kein originär nordrhein-westfälisches Phänomen, sondern erfasst seit Jahrhunderten Wirtschaftssysteme und -regionen inner- und außerhalb Europas. In der Vergangenheit verstand man unter Strukturwandel vorrangig den Transformationsprozess von der Agrar- zur Industrie- und schließlich zur Dienstleistungsgesellschaft. Diesen Prozess der Tertiarisierung bezeichnete der Franzose Jean Fourastié in seinem Buch als „Die große Hoffnung des zwanzigsten Jahrhunderts" (1954).

Im innerdeutschen Vergleich gelten nun die Bundesländer Baden-Württemberg und Bayern als „mustergültige" Vorbilder für einen gelungenen Strukturwandel, während Nordrhein-Westfalen als altindustriell geprägt und dem Strukturwandel nur eingeschränkt gewachsen erscheint. Das vorhandene

---

86 Vgl. *Stefan Goch/Karsten Rudolph* (Hrsg.), Wandel hat eine Heimat. Nordrhein-Westfalen in Geschichte und Gegenwart. Oberhausen 2009.

Transformationspotenzial wird immer noch als begrenzt eingeschätzt; das Land gilt als mit erheblichen Strukturschwächen belastet. Allerdings haftet Nordrhein-Westfalen vielfach zu Unrecht das Image des ‚Industrie-Dinosauriers' an, steht dies doch in Gegensatz zur regionalen und gewerblichen Vielfalt der nordrhein-westfälischen Wirtschaft. Immer noch wird das Land vorrangig mit dem Ruhrgebiet und seinem schwierigen Transformationsprozess gleichgesetzt, während die „Musterknaben" unter den Wirtschaftsregionen wie etwa die Rheinschiene mit Düsseldorf, Köln und Bonn oder das Münsterland nicht hinreichend gewürdigt werden.

Schließlich partizipierte die Wirtschaft des Landes trotz der traditionellen monostrukturellen Prägung auch an neuen Entwicklungen. In einigen Industriezweigen wie zum Beispiel in der Mineralölverarbeitung, der Elektrizitätserzeugung, der Industrie der Steine und Erden, der Bauindustrie sowie im Fahrzeugbau erwies sich dieser Prozess sogar als stärker als auf Bundesebene.[87] Insgesamt fielen jedoch die von diesen zukunftsträchtigen Branchen ausgehenden Wachstumseffekte nicht so stark aus wie in jenen Bundesländern, in denen „neue Industriezweige" wie die Elektrotechnik, die Chemie-Industrie, die Feinmechanik/Optik und der Spezialmaschinenbau Entwicklungsimpulse auslösten.[88] In Nordrhein-Westfalen konservierten vielmehr der frühe Boom der Kohle- und Stahlproduktion wie auch politische Vorgaben altindustrielle Profile, die ihre „besten Zeiten" bereits hinter sich hatten. Der monoindustrielle Erfolg einer hoch

---

87 Vgl. *Dietmar Petzina*, Wirtschaftspolitik, in: Boldt, Hans (Hrsg.), Nordrhein-Westfalen und der Bund. (Schriften zur politischen Landeskunde Nordrhein-Westfalens, 5) Düsseldorf 1989, S. 122–135, hier S. 124.

88 Vgl. *Abelshauser*, 1988 (wie Anm. 80), S. 56–59.

verflochtenen Region verschärft zugleich auch den Prozess ihres Niedergangs. Dieses Schicksal traf Nordrhein-Westfalen jedoch keinesfalls allein, sondern war auch Kennzeichen anderer europäischer Montanregionen wie etwa in Lothringen, dem Saarland oder den West Midlands in Großbritannien. Auch das nordamerikanische Beispiel Pittsburgh (Pennsylvania) verdeutlicht ein (zu) langes Festhalten an altindustriellen Strukturen.[89]

Die Prosperität verdeckte ebenso wie an Rhein und Ruhr den zunehmenden Anpassungsdruck eines sich seit Beginn der 1960er Jahre wandelnden weltwirtschaftlichen Gefüges und regionalwirtschaftlicher Gemengelagen. Die einstige monoindustrielle Stärke offenbarte sich als zunehmende Verkrustung und verhinderte, auch als bewusste unternehmerische Interessenwahrung, die Ansiedelung anderer Industriezweige. Der starke industrielle Verbund manifestierte sich als Schwäche unternehmerischer Flexibilität. Ähnlich rückten in anderen Industrieregionen ebenso die gewerkschaftliche Haltung und ihr Interesse am Erhalt traditioneller Strukturen in den Fokus. Dabei darf die These von einem gescheiterten Korporatismus nicht über die strukturpolitischen Hemmnisse hinweg täuschen: Qualifikation von Arbeitskräften, Infrastruktur und nicht zuletzt auch Verfügbarkeit von Kapital und Boden müssen im Spannungsfeld von Opportunitätskosten und realistischen Entwicklungsalternativen ausgelotet wer-

---

89 Vgl. *Nonn*, 2009 (wie Anm. 6), S. 79; *Rüdiger Hamm/Helmut Wienert*, Strukturelle Anpassung altindustrieller Regionen im internationalen Vergleich. (Schriftenreihe des Rheinisch-Westfälischen Instituts für Wirtschaftsforschung, Neue Folge Heft 48) Berlin 1990, insbesondere S. 259–299; *Gernot Grabher*, The Weakness of strong Ties. The Lock-in of regional Development in the Ruhr area, in: Ders. (Hrsg.), The embedded Firm. On the socioeconomics of industrial Networks. London u. a. 1993, S. 255–277.

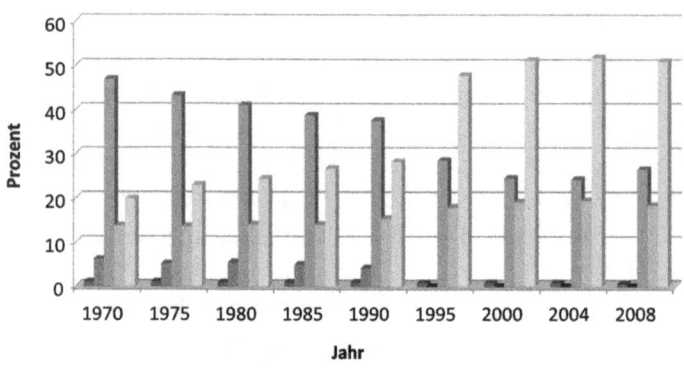

■ Landwirtschaft, Forstwirtschaft und Fischerei

■ Bergbau, Energie- und Wasserversorgung (ab 1990 nicht mehr separat aufgeführt)

■ Verarbeitendes Gewerbe inkl. Baugewerbe (ab 1995 = produzierendes Gewerbe)

■ Handel, Verkehr und Nachrichten-übermittlung (ab 1995 inkl. Gastgewerbe)

■ Banken- und Versicherungsgewerbe, Wohnraumvermietung, sonstige Dienstleistungen

Abbildung 7: Beitrag der Wirtschaftsbereiche zur Bruttowertschöpfung Nordrhein-Westfalens (1970–2008)
Quelle: Statistische Jahrbücher NRW.

den. Der internationale Vergleich verweist so trotz der Singularität des nordrhein-westfälischen Beispiels auf ähnlich gelagerte Problemszenarien in anderen altindustriellen Regionen. Dabei ist der Blick immer auf die komplexen Verflechtungen der Interessen zentraler Akteure aus Politik, Wirtschaft und Gesellschaft zu lenken, die in vielen Fällen auch zur Konservierung und Lähmung überkommener Muster beitrugen.

Daher tritt die Verlagerung des ökonomischen Schwergewichtes auf den dritten Sektor erst seit den 1970er Jahren deutlich zutage. Hatte Anfang der 1970er Jahre der Anteil des produzierenden Gewerbes an der Bruttowertschöpfung des Landes noch bei fast 50 Prozent gelegen, so sank dieser Anteil in den folgenden 30 Jahren auf knapp 30 Prozent und der der Landwirtschaft auf unter einem Prozent. Demgegenüber stieg der Anteil des tertiären Sektors zeitgleich von rund 40 auf fast 70 Prozent an (Abbildung 7).[90]

1 Von der Landwirtschaft zur Landschaftspflege

Den einzelnen Wirtschaftssektoren und ihren Akteuren verlangten die sich verändernden Wirtschaftsstrukturen erhebliche Anpassungen, etwa im Hinblick auf die Marktsituation und die Qualität der Arbeitsplätze, ab. Denn das Wachstum der Industrie zog zentrale Ressourcen wie Boden, Kapital und Arbeitskräfte (Landflucht) aus dem Primärsektor ab. Langfristig sank die Agrarwirtschaft in der modernen Industriegesellschaft zur Bedeutungslosigkeit herab. So reduzierte sich der Anteil der hier Beschäftigten aufgrund von Betriebsaufgaben, Flächenstilllegungen und Rationalisierung in den vergangenen Jahrzehnten von 14 Prozent 1950 auf 6,7 Prozent 1960 und 1,5 Prozent 2010. Knapp 130.000 Personen arbeiteten 2010 noch in diesem Sektor. Parallel sank die Zahl der Betriebe von über 200.000 im Jahr 1949 auf knapp 36.000 im Jahr 2010. Die geringe gesamtwirtschaftliche Bedeutung des Agrarsektors spiegelt zudem der marginale Anteil an der Bruttowertschöpfung des Landes, der zwischen 1960 und 1986 von 2,8 auf 1,1 sank und 2010 bei deutlich unter einem Prozent lag.[91]

Angesichts dieses Szenarios mag es überraschen, dass Nordrhein-Westfalen nach Bayern und Niedersachsen einer der größten Agrarproduzenten Deutschlands ist. Schließlich wird rund die Hälfte der Landesfläche landwirtschaftlich genutzt. Den einzelnen Naturräumen entsprechend weist die

---

90 Vgl. von *Alemann et al.*, 2000 (wie Anm. 3), S. 165.
91 Vgl. *LDS NRW* (Hrsg.), Statistische Jahrbücher NRW 1945 ff.

nordrhein-westfälische Landwirtschaft ganz unterschiedliche Ausprägungen auf. Obgleich die Viehhaltung mit rund 70 Prozent des landwirtschaftlichen Einkommens dominiert und z. B. die Mittelgebirgsregionen Eifel, das Bergische Land und das Sauer- und Siegerland von der Rinderhaltung und der Wald- und Forstwirtschaft geprägt sind, findet sich im Rheinland eine leistungsfähige Obst- und Gemüseproduktion, am Niederrhein die Milcherzeugung, in der Köln-Aachener Bucht Ackerbau und im Münsterland die Vieh-Veredelungswirtschaft. Mit den vor- und nachgelagerten Bereichen umfasst die nordrhein-westfälische Land- und Ernährungswirtschaft mehr als 400.000 Arbeitsplätze. Dabei reicht der Sektor von der Land-, Vieh- und Forstwirtschaft über den Landmaschinenbau, die Futter- und Lebensmittelindustrie bis zum Land- und Lebensmittelhandel und ländlichen Gastgewerbe.[92]

Es sollte nicht vergessen werden, dass die erste wirkliche Agrar-Revolution in der deutschen Geschichte erst in den 1950er Jahren mit dem weitverbreiteten Einsatz von Industrieprodukten wie Dünger und Maschinen stattfand. Die damit zugleich ermöglichte Abwanderung von Arbeitskräften in die expandierende Industrie leitete auch in der Landwirtschaft eine Phase verstärkter Industrialisierung ein, die indessen nicht durch größere Betriebe, wie man vermuten würde, sondern auf der Basis von kleinen Familienbetrieben mit durchschnittlich weniger als zwei Beschäftigten erfolgte. „Wachsen oder Weichen", so lautete denn auch das Motto für den bäuerlichen Familienbetrieb seit den 1970er Jahren. Wie in anderen Wirtschaftssektoren auch bildete Expansion die wesentliche

---

92 Vgl. *Ministerium für Umwelt und Naturschutz, Landwirtschaft und Verbraucherschutz des Landes NRW* (Hrsg.), Neue Landwirtschaftspolitik in Nordrhein-Westfalen. Perspektiven für die Landwirtschaft und den ländlichen Raum, Düsseldorf 2008, S. 8.

Überlebensstrategie im Wettbewerb um Marktanteile und Subventionen. Betriebe, die wettbewerbsfähig bleiben wollten, mussten sich vergrößern, ihre Produktion intensivieren und spezialisieren. Trotz Höfesterbens, Flächenstilllegungen und Zusammenlegungen von Betrieben stieg die Menge der landwirtschaftlichen Erzeugnisse aufgrund der kontinuierlich zunehmenden Produktivität immens an. „Butterberge" und „Milchseen" gehörten ebenso zu den Begleiterscheinungen dieser Entwicklung wie die durch die Intensivierung und Flächenkonzentration verursachten Probleme, z. B. des Gülleanfalls aus der Massentierhaltung.

Insgesamt sehen sich die nordrhein-westfälischen Landwirte seit Jahrzehnten wachsenden Anforderungen an eine industrialisierte und internationalisierte Landwirtschaft ausgesetzt, die nur noch wenig mit den Wirtschaftseinheiten der Vergangenheit zu tun hat. Der Landespolitiker und Landwirt Norwich Rüße beschrieb denn auch die „Agrarrevolution" des späten 20. Jahrhunderts als einen Prozess, der in raschem Ablauf die landwirtschaftlichen Strukturen verändere und an dessen Ende der „industrialisierte Bauernhof" stehe, der wie ein Industriebetrieb auf niedrigere Kosten durch höhere Erträge setzt. Dies unterstreicht die hohe Anzahl an Mastbetrieben, etwa im Bereich der Fleischproduktion, die mehrere Tausend Tiere umfassen.

Dabei liegt die nordrhein-westfälische Landwirtschaft mit einer Betriebsgröße von 45 ha für Haupterwerbsbetriebe (Stand 2008) deutlich unter den großbetrieblichen Größenordnungen von über 1000 ha landwirtschaftlich genutzter Fläche.[93] Überwiegend handelt es sich um kleinbäuerliche

---

93 Vgl. *Ministerium für Umwelt und Naturschutz, Landwirtschaft und Verbraucherschutz des Landes NRW* (wie Anm. 92), S. 10.

Familienbetriebe, die etwa zur Hälfte im Nebenerwerb bewirtschaftet werden. Die relativ kleinteiligen Strukturen der nordrhein-westfälischen Landwirtschaft, die nicht recht ins Bild einer industrialisierten Agrarproduktion passen wollen, bergen erhebliche Entwicklungschancen. So lässt sich der Agrarsektor nicht ausschließlich als Verlierer wirtschaftlicher Transformationsprozesse bezeichnen. Denn im Zuge der „ökologischen Herausforderung" seit den 1970er Jahren eröffneten sich den Bauern neue soziale und ökologische Funktionen für die Gesellschaft. Als größter Landnutzer tragen Landwirte entscheidend zur Erhaltung des ökologischen Gleichgewichts und zur Verbesserung der Bodenverhältnisse wie auch zur Landschaftspflege bei, mit der auch der Arten- und Biotopschutz eng verbunden ist. Seit den 1980er Jahren vollziehen etliche landwirtschaftliche Produzenten in Nordrhein-Westfalen einen Spagat zwischen der Wettbewerbsfähigkeit der Betriebe und den hohen Qualitätszielen im Tier-, Natur- und Verbraucherschutz. Dass die NRW-Landwirtschaft auch weiterhin vorrangig durch bäuerliche Familienbetriebe geprägt bleiben wird, stellt dabei kein Hindernis dar. Denn mittlerweile zeigen sich betriebswirtschaftlich umfassend ausgebildete Landwirte den Herausforderungen von Rationalisierung und Digitalisierung besser gewachsen als die Generationen ihrer Väter und Großväter.[94]

Zudem erfahren die Agrarbetriebe im Zuge des zunehmenden „Energiehungers" der Industrie- und Schwellenlän-

---

94 Siehe dazu *Norwich Rüße*, ‚Agrarrevolution‘ und agrarpolitische Weichenstellungen in Nordrhein-Westfalen nach dem Zweiten Weltkrieg, in: Frese, Matthias/Paulus, Julia/Teppe, Karl (Hrsg.), Demokratisierung und gesellschaftlicher Aufbruch. Die sechziger Jahre als Wendezeit der Bundesrepublik. (Forschungen zur Regionalgeschichte, 44) Paderborn 2003, S. 473–491.

der als Lieferanten von nachwachsenden Energie- und Roh-
stoff-Ressourcen eine Aufwertung. Zu den, wenn auch unter
Welternährungsgesichtspunkten keineswegs unumstrittenen,
„Hoffnungsträgern" gehört z. B. die weitgehend CO_2-neutrale
Bioenergie, die im Wärme- und Stromsektor und als Treibstoff
Anwendung findet. Dazu gehören Biokraftstoffe etwa auf der
Basis von Zuckerrüben, Getreide und Ölpflanzen wie Raps
oder Biogasanlagen für die Stromerzeugung. 2008 wurden be-
reits fünf Prozent der Ackerflächen mit Pflanzen für bioener-
getische Nutzung bebaut.[95]

2 „Hätschelkinder" und „Mauerblümchen": Die Montan- und Textilindustrie

Wie erwähnt kam der Montan- und Textilindustrie als Leitsektoren der Industrialisierung im 19. Jahrhundert eine zentrale Rolle in der wirtschaftlichen Entwicklung des Rheinlands und Westfalens zu. Zwar sollte gerade die Geschichte
der nordrhein-westfälischen Schwerindustrie nicht auf den
späten Emporkömmling Ruhrgebiet reduziert werden. Dennoch eröffnete das Revier unbestritten neue Dimensionen des
Wirtschaftswachstums, denen sich die „alten" Montanregionen im Westen und Südosten des Landes langfristig unterord-
nen mussten. So konzentrierte sich die Roheisenproduktion
zunehmend am westlichen und östlichen Rand des Reviers.
Langfristig wurde dabei die Rohstofforientierung durch ver-
kehrslogistische Überlegungen, insbesondere im Hinblick auf
den Anschluss an Schienen- und Wasserwege, abgelöst.

---

95 Vgl. *Ministerium für Umwelt und Naturschutz, Landwirtschaft
    und Verbraucherschutz des Landes NRW* (wie Anm. 92), S. 39.

Die Dominanz des Montansektors bildete sich bereits bis zum Ersten Weltkrieg aus, als jeder zweite Arbeitnehmer im Rheinland und in Westfalen in den Bereichen Kohle, Stahl und Eisen tätig war. Bis zur Mitte des 20. Jahrhunderts hielt sich in der Montanbranche diese beispiellose Zusammenballung wirtschaftlicher Kräfte. Dieses für Nordrhein-Westfalen charakteristische Produktionsregime verzweigte sich in ein komplexes Verbundsystem, das sich auch in die benachbarten Bereiche der Energiewirtschaft und Chemie erstreckte. Dennoch traten angesichts von Überkapazitäten bei sinkender Nachfrage schon in den 1920er Jahren erste strukturelle Probleme auf, denen die Ruhrunternehmen u. a. mit einer umfassenden Rationalisierung sowie Restrukturierungsmaßnahmen durch Konzentration und Zusammenlegung der Betriebe begegneten. Nicht zuletzt vor dem Hintergrund der Nachfrage der nationalsozialistischen Rüstungs- und Kriegswirtschaft festigte sich so die dominierende Rolle der Montanindustrie.

Und angesichts der nach 1945 zunehmend angespannten weltpolitischen Lage während des „Kalten Krieges" waren auch die Bemühungen der Alliierten, die Ruhrindustrie mit ihrem Potenzial zu zerschlagen, nur von kurzer Dauer. Zwar erfolgte durch die alliierte Kontrolle, Beschlagnahme und teilweise Demontage der Werke nach Kriegsende eine Reduzierung überschüssiger Kapazitäten. Doch bald schon deuteten erneut alle Zeichen auf Strukturerhalt, denn die Ruhrindustrie bediente sowohl die Nachfrage nach Heizmitteln als auch die Rohstoffbasis der Wiederaufbaugüter und erwies sich als wichtiges Vehikel im wirtschaftlichen Wiederaufbau. Insbesondere für den Bergbau schien es, als sei eine wirtschaftliche Stabilisierung letztendlich nur durch die Kontinuität der traditionellen industriellen Wirtschaftspotenziale an Rhein und Ruhr realisierbar. Während die Förderzahlen des Ruhrkohlebergbaus

1946 schon wieder die Hälfte der Kapazitäten des Vorkriegs-
standes (rund 127 Mio. t im Jahr 1938) erreicht hatten, blieb
die Produktion im Eisen- und Stahl-Bereich im Rheinland und
in Westfalen zunächst deutlich dahinter zurück. 1946 wurde
lediglich ein Achtel des Produktionsvolumens von 1938 (rund
13 Mio. t Roheisen und 15,5 Mio. t Stahl) erreicht.[96]

Erst der Koreakrieg Anfang der 1950er Jahre sorgte für ökonomischen Aufschwung. Eine erneute Rüstungskonjunktur be-
scherte dem Ruhrrevier, flankiert von Investitionshilfen, eine
steigende Nachfrage nach Grundstoffen und schwerindustriellen Gütern und leitete so ein „[...] subventioniertes ‚come back‘
der Grundstoffindustrien"[97] ein. Bereits 1950, nur fünf Jahre
nach Kriegsende, erreichte die Steinkohleförderung des Reviers wieder eine Jahreskapazität von mehr als 100 Mio. t (diese
war zuletzt 1944 mit 110,9 Mio. t jährlich erreicht worden).[98]
Der steigende Bedarf stellte die Weichen auf Kontinuität der
montanindustriellen Tradition über den Weltkrieg hinaus. 1950
war im Ruhrgebiet erneut jeder dritte Arbeitnehmer direkt und
jeder zweite Arbeitnehmer mittelbar von der Montanwirtschaft
abhängig. Ob es sich dabei um einen nachhaltigen Segen für
den Wohlstand der Region oder um eine verpasste „Chance
zur industriellen Neustrukturierung"[99] handelte, sollte sich erst
später erweisen. Denn fortan konzentrierten sich alle Kräfte
auf die traditionell dominierenden Wirtschaftsbereiche. Die
Subventionen und Investitionshilfen jener Jahre flossen vor
allem in die Grundstoffindustrien und konservierten damit

---

96 Vgl. *LDS NRW* (Hrsg.), Statistisches Jahrbuch NRW 1949/50.
97 *Abelshauser*, 1988 (wie Anm. 80), S. 55.
98 Vgl. *Paul Wiel*, Wirtschaftsgeschichte des Ruhrgebietes. Tatsachen
    und Zahlen. Essen 1970, S. 127.
99 *Gerhard Brunn*, Die Zeit der Krisen 1914–1955, in: Briesen, 1995
    (wie Anm. 21), S. 129–201, hier S. 198.

alte Strukturen anstatt neue zu stärken. Damit wurde das wirtschaftliche Entwicklungspotenzial des Landes weitgehend von den Bedürfnissen der „alten" Branchen absorbiert.[100]

Nordrhein-Westfalen avancierte so zum *Shooting Star* des westdeutschen Wirtschaftswunders. Hier wurden 1951 90 Prozent der bundesrepublikanischen Kohle gefördert und 80 Prozent an Eisen und Stahl produziert. Zudem beherbergte das Land 40 Prozent der bundesdeutschen Industrieproduktion.[101] Die 1952 geschlossene „Montanunion" zwischen Deutschland, Frankreich und den Beneluxstaaten sorgte durch die voranschreitende Integration der Märkte über nationale Grenzen für verbesserte Absatzmöglichkeiten innerhalb Europas.

Die Prosperität der 1950er Jahre unterstrich dabei einmal mehr die enge Verknüpfung von Montanindustrie und dem „Herzen des Landes", dem Ruhrgebiet. „Auf Gedeih und Verderb" hing das Schicksal des Reviers vom Fortbestand der goldenen Konjunktur von Kohle und Stahl ab. Denn das montanindustrielle *Come Back* vermied nachhaltige Impulse zu Diversifizierung oder zu einer Erneuerung der Industriestruktur, verdeckte strukturelle Defizite und umging so notwendige Veränderungen. Insofern stellte das Revival der Großkonzerne für die rheinisch-westfälische Industrielandschaft der Nachkriegsära keine Überraschung dar. Am Ende stand die Wiederherstellung des „Status quo ante" mit mächtigen Montanriesen, die die wirtschaftliche Struktur Nordrhein-Westfalens erneut dominierten. Selbst dem Krupp-Konzern, einst Aushängeschild der Rüstungswirtschaft des Reiches, gelang bis zum Ende der 1950er Jahre die Rehabilitation. Auf immer verschwunden blieb lediglich der 1926 von den Großen des

---

100 Vgl. *Abelshauser*, 1988 (wie Anm. 80), S. 50–55.
101 Vgl. *Goch*, 2004 (wie Anm. 81), S. 20.

Reviers gegründete „Stahltrust", die Vereinigte Stahlwerke AG, zweitgrößter Montankonzern der Welt.

An der Schnittstelle von Kriegsende und Wiederaufbau konservierte sich an der Ruhr ein monoindustrielles Profil, das ein Schritthalten mit modernen Industriestrukturen behinderte und einem zukunftsträchtigen Branchenmix auf Jahrzehnte den Weg versperrte. Zwar schien sich die Stärkung bewährter Produktionszweige zumindest kurzfristig zum Vorteil aller Beteiligten auszuwirken, denn immerhin wurde das rheinisch-westfälische Industriegebiet erneut zum Inbegriff wirtschaftlichen Wohlstands. Doch spätestens mit dem Beginn der Bergbaukrise 1958 schwelte im Herzen von Nordrhein-Westfalen ein struktureller Krisenherd. Das Hätschelkind von einst wandelte sich zum Sorgenkind: Aus den „Wundertätern" (Nina Grunenberg)[102] der Nachkriegszeit, den Verantwortlichen aus (Landes-)Politik, Wirtschaft und Gesellschaft, wurden die „Sündenböcke" der Nation.

Die Verantwortung wog dabei umso schwerer, als die fatale Strukturschwäche der Region im Kern schon früh offenkundig geworden war. Überlagert von der vordergründigen Erfolgsgeschichte der Ruhrkohle wurde sie jedoch von der öffentlichen Wahrnehmung weitestgehend ignoriert. Ein Problembewusstsein und entsprechende Krisenreaktionen bzw. Gegenmaßnahmen rief das zu diesem Zeitpunkt bei niemandem auf den Plan. Dem rheinisch-westfälischen Industriegebiet war so zwar eine kurzfristige Prosperität vergönnt, langfristig verpasste die Region jedoch den Anschluss an einen nachhaltigen Innovationsprozess, mehr noch, sie wurde zum Negativemblem für den wirtschaftlichen „Strukturstau".

---

102 *Nina Grunenberg*, Die Wundertäter. Netzwerke der deutschen Wirtschaft 1942 bis 1966. München 2006.

Denn auf verstärkt aufkommende konkurrierende Energieträger wie das Erdöl reagierte die monostrukturell ausgerichtete Wirtschaft des Landes wie auch die Entscheidungsträger aus Politik und Gewerkschaften äußerst behäbig. Dies änderte nichts daran, dass der Siegeszug des Rohöls die Steinkohle mittelfristig als führenden Energieträger ablöste: Innerhalb von nur 15 Jahren (1955–1970) sank der Anteil der Steinkohle am Primärenergieaufkommen in der Bundesrepublik Deutschland von 70 Prozent auf weniger als 30 Prozent.[103] Den Auftakt für die Kohlekrise 1957/58 bildete eine Gemengelage aus wirtschaftspolitischen Entscheidungen und Entwicklungen auf dem Weltmarkt. Hierzu zählte unter anderem die mangelnde Konkurrenzfähigkeit der Ruhrkohle, die sich aufgrund der hohen Kosten langfristig gegenüber günstigeren Importen nicht behaupten konnte. Trat 1958 zunächst die US-Kohle als Konkurrent auf, wurde diese seit 1959 durch den „Hauptrivale[n]"[104] Erdöl abgelöst. Die Absatzstockungen des Frühjahrs 1958 bildeten den Auftakt zu einer Kohleabsatzkrise, die Jahrzehnte anhielt.

Bald schon erwiesen sich die Kohlehalden entlang der Ruhr, die „Feierschichten" und erste Entlassungen von Bergleuten bereits seit Ende der 1950er Jahre als unmissverständliche Zeichen dafür, dass sich die Zeiten geändert hatten. Bis Ende der 1960er Jahre, dem „Jahrzehnt der Zechenschließungen", wurden über 80 Schachtanlagen stillgelegt und mehr als 300.000 Arbeitsplätze abgebaut (1957–1967). Für die Bevölkerung war die Lage umso unverständlicher, als der Einbruch

---

103 Vgl. *Horst M. Bronny/Norbert Jansen/Burkhard Wetterau*, Das Ruhrgebiet. Landeskundliche Betrachtung des Strukturwandels einer europäischen Region. Essen 2002, S. 36.

104 *Christoph Nonn*, Die Ruhrbergbaukrise. Entindustrialisierung und Politik 1958–1969. (Kritische Studien zur Geschichtswissenschaft, 149) Göttingen 2001, S. 26.

zu einer Zeit eintrat, in der sich die bundesdeutsche Wirtschaft insgesamt in einer Phase ungebrochener Prosperität befand. Die industrielle Entwicklung von Nordrhein-Westfalen sah sich unversehens von allgemeinen Trends abgekoppelt. Denn während zwischen 1958 und 1968 die industriellen Arbeitsplätze auf Bundesebene um 13 Prozent anstiegen, verlor das Land im gleichen Zeitraum über sieben Prozent. Obwohl andere Regionen des Landes wie z.B. die Rheinschiene oder das Münsterland expandierten, entwickelte sich der „Pott" zum wirtschaftlichen „Sorgenkind" der Nation.[105]

Die Entlassungswellen riefen die Politik auf den Plan, die in ersten „Kohlerunden", unter Beteiligung von Arbeitgeber- und Gewerkschaftsvertretern, im Austausch mit der Bundesregierung nach einem Ausweg aus der wirtschaftlichen Misere suchten. Die „Konzertierte Aktion Kohle" setzte 1967 mit der Reduzierung der Förderquote, der Kontingentierung des Kohleverbrauchs für Energieerzeuger, mit Lohnsubventionen und einer Neuordnung der Unternehmensstrukturen auf eine Verschlankung bestehender Strukturen. Die Sanierung des Ruhrkohlebergbaus gipfelte 1968 schließlich in der Gründung der Auffanggesellschaft „Ruhrkohle AG" (RAG), unter deren Dach sämtliche Zechengesellschaften zusammengefasst wurden, während sich die Ruhrkonzerne aus dem Bergbau zurückzogen. Das übergeordnete Ziel war eine sozial verträgliche Schrumpfung des Sektors durch Stilllegungen und Verbundmaßnahmen.[106] Die Gründung der RAG bildete einen vorläufigen Schlusspunkt

---

105 Vgl. *Dietmar Petzina*, Wirtschaft und Arbeit 1945–1985, in: Köllmann, 1990 (wie Anm. 14), S. 491–568, hier S. 520; *ders.*, Krise und Aufbruch: Wirtschaft und Staat im Jahrzehnt der Reformen 1965 bis 1975, in: Goch, 2004 (wie Anm. 10), S. 105–135, hier S. 107.
106 Vgl. u.a. *Werner Abelshauser*, Der Ruhrkohlenbergbau seit 1945. Wiederaufbau, Krise, Anpassung. München 1984, S. 118–164; *Nonn*, 2001 (wie Anm. 104), S. 355–357.

in der länger als zehn Jahre andauernden Bergbaukrise und den Anfang eines langen Prozesses der Anpassung.

Zwischen 1957 und 1987 reduzierte sich die Zahl der Förderanlagen von 140 auf 23, die Zahl der Beschäftigten von ehemals knapp 500.000 Bergleuten auf weniger als 30.000.[107] Rückblickend galt die RAG als regionalwirtschaftlicher und sozialer Erfolg. Sie half, den sich vollziehenden Strukturwandel abzufedern und die um sich greifende Krise in einen „geordneten Anpassungsprozess"[108] zu überführen. Zugleich aber war damit „[i]nnerhalb weniger Jahre […] aus einer tragenden Säule des wirtschaftlichen Wachstums eine von Subventionen abhängige Branche geworden, deren Niedergang zwar hinausgezögert, nicht aber verhindert werden konnte."[109] Bis heute ist der damals eingeleitete Abwicklungsprozess noch nicht ganz abgeschlossen. Immer noch sind in Nordrhein-Westfalen drei Steinkohlezechen in Betrieb. Ihr endgültiges Ende ist jedoch – zumindest nach aktuellen Planungen – 2018 besiegelt.

Die krisenbedingte Restrukturierung schuf indessen zunächst nur eingeschränkt Raum für Neues. Hierzu gehörte das 1962 errichtete Opel-Werk in Bochum, das bald 7000 Menschen beschäftigte. Trotz oder gerade wegen der vielfältigen Widerstände gilt die Ansiedlung als beispielhaft für eine erfolgreiche Kompensation verlorener Arbeitsplätze im Berg-

---

107 Vgl. *Bronny et al.*, 2002 (wie Anm. 103), S. 37; *Stefan Goch*, Von der Kohlekrise zum neuen Ruhrgebiet: Strukturwandel und Strukturpolitik, in: Golombek, Jana (Hrsg.), Schichtwechsel. Von der Kohlekrise zum Strukturwandel. Essen 2011, S. 6–19, hier S. 9.

108 *Werner Abelshauser*, Deutsche Wirtschaftsgeschichte seit 1945. München 2004, S. 212 f.

109 *Karl Lauschke*, Wandel und neue Krisen. Die alten Industrien in den 1970er und 1980er Jahren, in: Goch, 2004 (wie Anm. 10), S. 136–162, hier S. 137.

bau, weil die Größe der Belegschaft den Beschäftigtenzahlen der bis dahin geschlossenen drei Bochumer Großzechen entsprach.[110] Andernorts indessen scheiterten Ansiedlungsversuche am Mangel an verfügbaren Flächen. Dass Ansiedlungsgelände trotz der Schließung von Betrieben knapp blieb, kann nicht weiter verwundern. Schließlich wurde die Montankrise bis zum Ende der 1960er Jahre „lediglich" als vorübergehender Konjunktureinbruch, keineswegs als struktureller Umbruch wahrgenommen. Eine Notwendigkeit, Flächen zur Ansiedlung von neuen Unternehmen freizugeben, ergab sich daraus nicht.

Und mit ihrer Flächenvorratshaltung, die teilweise bis zu 30 Prozent eines Gemeindegebietes ausmachen konnte, verfügten die Konzerne „über eine sehr effiziente ‚Bodensperre'", mit der „unliebsame Konkurrenten auf dem Arbeitsmarkt – ansiedlungswillige Großbetriebe der nächsten Technologiegeneration (Auto-, Elektro-, Chemieindustrie)"[111] aus der Region ferngehalten werden konnten. Sicher spielte auch die Furcht vor Regressverpflichtungen für Bergbauschäden oder Bodenverunreinigungen eine Rolle. Potenziell ansiedlungswillige Arbeitgeber wie Ford, VW und Schering aber hatten dadurch vor Ort das Nachsehen. Rückblickend zeigt sich hier eine der verhängnisvollsten Entwicklungen der bundesdeutschen Wirtschaftsgeschichte. Denn im Hinblick auf zukünftige Entwicklungspotenziale wog die Bodensperre umso schwerer, als die Region so von einer ganzen Generation von Basistechnologien, etwa durch die Kombination Chemie, Energie und Fahrzeugbau, abgeschnitten wurde. Diese entfalteten stattdessen an der Rheinschiene (Köln: Ford-Werke;

---

110 Vgl. *Nonn*, 2001 (wie Anm. 104), S.218.
111 *Bernhard Butzin*, Strukturkrise und Strukturwandel in „alten" Industrieregionen. Das Beispiel Ruhrgebiet, in: Geographie Heute, 1993, S.4–12, hier S.5.

Jülich: Kernkraft/Forschung; Leverkusen: Chemie) ihre Multiplikatorenwirkung für Zulieferer, das Bau- und Transportwesen sowie für unternehmensnahe Dienstleistungen. Damit gingen zeittypische wirtschaftsstrukturelle Modernisierungs- und Diversifizierungsimpulse und mit ihnen eine erhebliche Entwicklungsdynamik am Ruhrgebiet vorbei. Insgesamt jedenfalls wird deutlich, dass die Begleitung der wirtschaftlichen Transformation auch von den Akteuren selbst, Unternehmen, Gewerkschaften, Politik, behindert wurde. Es sollte Jahrzehnte dauern, bis die Einrichtung des Grundstückfonds Ruhr und der Landesentwicklungsgesellschaft (LEG) im Rahmen des Aktionsprogramms Ruhr (1980) die „Bodensperre" aufweichte und sich die „Brache" zur „Chance"[112] wandelte. Das Ergebnis war die Ansiedlung von Zukunftstechnologien etwa in dem Nokia-Werk in Bochum, dem Blaupunkt-Werk in Herne oder von Siemens-Werken in Witten und Kamp-Lintfort, die allerdings bald ebenfalls zunehmend gefährdet waren oder sogar schon wieder abgewandert sind. Zudem war das Potenzial an ansiedlungswilligen Unternehmen dieser Größenordnung, auch aufgrund abgeschwächter gesamtwirtschaftlicher Wachstumsraten, bald erschöpft, sodass die industriellen Brachflächen in der Folgezeit zunahmen.

Anders als die Steinkohle stand dagegen die im rheinischen Tagebau gewonnene Braunkohle weniger im Fokus der strukturellen Wandels. Als fossiler Brennstoff im Energie-Mix sicherte der enge Verbund mit der Stromwirtschaft bereits seit Beginn des 20. Jahrhunderts den Absatz der Braunkohle. Ungeachtet der Bergbau-Krise konnte der rheinische Tagebau seine Förderquoten bis in die 1980er Jahre hinein sogar noch steigern:

---

112 Vgl. *Dieter D. Genske* (Hrsg.), Die Brache als Chance. Ein transdisziplinärer Dialog über verbrauchte Flächen. Berlin u. a. 2003.

Gleichzeitig konzentrierte sich der Verwendungszweck auf die Verstromung. So wurden 1950 erst ein Viertel, Mitte der 1970er Jahre bereits mehr als 80 Prozent und heute knapp 90 Prozent der Fördermenge direkt an die Kraftwerke zur allgemeinen Versorgung abgesetzt. Die Beschäftigtenzahlen stiegen dabei im rheinischen Braunkohlebergbau in den 1950er und 1960er Jahren auf über 20.000 an, sanken jedoch in den 1980er Jahren bei anhaltend hohen Fördermengen insbesondere durch die großtechnische Rationalisierung auf rund 12.000 Beschäftigte ab. Mit einer Fördermenge von jährlich mehr als 90 Mio. t Braunkohle greift das sich nordwestlich von Köln erstreckende Braunkohle-Tagebaurevier allerdings massiv in die Landschaft ein.[113] Ebenso geriet die CO_2-Emission bei der Braunkohle-Verstromung seit den 2000er Jahren in die Kritik.

Bis in die 1980er Jahre hatte auch die boomende Stahlproduktion und -verarbeitung dafür gesorgt, dass längst nicht alle „Lichter im Revier" ausgingen. Zumindest „über Tage" schien es weiter bergauf zu gehen. 1974 verzeichnete die Eisen- und Stahlbranche ihren absoluten Höhepunkt in der Rohstahlproduktion. Noch deutete nichts auf eine baldige Veränderung der Nachfrage hin. Dabei folgte der Einbruch bereits ein Jahr später. Denn allein im Jahr 1975 betrug der Rückgang der rheinisch-westfälischen Rohstahlproduktion 25 Prozent, Einbußen, die insbesondere aus dem Rückgang der Nachfrage und enormen Überkapazitäten resultierten. Obgleich von den Zeitgenossen zunächst wiederum „nur" als konjunktureller Abschwung registriert, zeichnete sich hier eine weitere

---

113 Vgl. *Arno Kleinebeckel*, Unternehmen Braunkohle. Geschichte eines Rohstoffs, eines Reviers, einer Industrie im Rheinland. 2. Aufl. Köln 1986, S. 279; *RWE Power AG* zitiert nach: Statistik der Kohlenwirtschaft e.V., Köln, online verfügbar, URL: <http://www.kohlenstatistik.de/home.htm> [letzter Zugriff: 11.10.2011].

schwerwiegende Krise für die Region ab, die in den 1980er Jahren ihre strukturelle Sprengkraft entfalten sollte.[114]

Dies trat ausgerechnet in jener Branche zutage, die während der Kohlekrise als wichtigster Auffangbereich für freigesetzte Arbeitskräfte gedient hatte und nun gleichfalls von den strukturellen Versäumnissen der Vergangenheit eingeholt wurde. Die doppelte Krise des Bergbaus und der Stahlindustrie geriet erst „[...] in ihren Wechselbeziehungen zur großen Strukturkrise"[115] des Landes Nordrhein-Westfalen und zur schwersten wirtschaftlichen Belastungsprobe seines Bestehens. Dabei war die Stahlbranche im Kontext der Entflechtung und auch im Umfeld der Bergbaukrise bereits seit den 1950er Jahren konjunkturellen Schwankungen ausgesetzt gewesen. In Reaktion darauf führten umfassende Konzentrations-, Diversifikations- und Investitionsmaßnahmen die „alte Industrie" in den 1960er Jahren in ein neues Produktionszeitalter. Dies erwies sich umso mehr als geboten, als sich die Großkonzerne mit der Ausgliederung der Bergwerksgesellschaften in die RAG des „kränkelnden Kindes" Kohle weitgehend entledigen und verstärkt Investitionen in neueste Technologien vornehmen konnten. Das Resultat war eine hochgradig rationalisierte, groß dimensionierte Produktionspraxis, die ihrerseits gewisse Risiken barg. Schließlich waren Anlagen einer solchen Größenordnung nur bei entsprechender Auslastung wirtschaftlich zu betreiben. Die Stahlkrise war Teil einer weltweiten Abwärtsbewegung, die nicht nur die Bundesrepublik Deutschland, sondern alle

---

114 Vgl. *Werner Plumpe*, Krisen in der Stahlindustrie der Bundesrepublik Deutschland, in: Henning, Friedrich-Wilhelm (Hrsg.), Krisen und Krisenbewältigung vom 19. Jahrhundert bis heute. Frankfurt/Main 1998, S. 70–91, hier S. 70; *Lauschke*, 2004 (wie Anm. 109), S. 141.
115 *Petzina*, 2004 (wie Anm. 105), S. 105.

westlichen Industrienationen traf, letztendlich aber einmal mehr die spezifischen Defizite des Reviers offenbarte. Mit dem Einbruch der Nachfrage flüchteten die Konzerne zunächst in den Export, doch gerade im weltweiten Handel hatte sich mit dem Auftreten immer neuer Stahlproduzenten in Schwellenländern wie Brasilien, China oder Indien der Konkurrenzdruck enorm erhöht.[116]

Hinzu kam, dass es sich um eine hochgradig subventionierte Branche handelte. Ein maßgeblicher Teil der Finanzhilfen zielte auf Produktivitätssteigerungen ab, die ihrerseits einen kontinuierlichen Arbeitskräfteabbau einleiteten. Der Zenit wurde zwischen 1979 und 1986 erreicht, als über 30 Prozent (also 45.000) der Arbeitsplätze im Ruhrgebiet abgebaut wurden.[117] Die dramatischsten Entwicklungen zeigten sich während der 1980er Jahre in der Stilllegung ganzer Produktionsstandorte, die öffentlichkeitswirksam und spektakulär bekämpft wurden. Den Höhepunkt der Proteste bildete wohl die Besetzung der Rheinbrücke bei Duisburg-Rheinhausen 1987 („Brücke der Solidarität"), mit der die Stahlarbeiter – am Ende vergeblich – gegen die Schließung des dortigen Krupp-Hüttenwerkes protestierten.[118]

Eine Mischung aus einer verschärften internationalen Konkurrenzsituation, Überkapazitäten und dem Aufkommen von Stahl-Ersatzstoffen wie Aluminium oder Kunststoff besiegelten das Ende der verkrusteten Montanstrukturen an Rhein und Ruhr. So reduzierte sich die Zahl der Produktionsanlagen im Ruhrgebiet von 88 (1973) auf 46 im Verlauf der 1980er Jahre. Demgegenüber blieben die Produktionsziffern weitgehend

---

116 Vgl. *Lauschke*, 2004 (wie Anm. 109), S. 138–145.
117 Vgl. *Petzina*, 1990 (wie Anm. 105), S. 538f.
118 Vgl. *Waltraud Bierwirth / Manfred Vollmer*, AufRuhr. Rheinhausen 1987/1997. Essen 1997.

stabil. War beispielsweise bei Thyssen 1960 die durchschnittliche Jahreskapazität von 10 Mio. Tonnen Roheisen noch mit 31 Hochöfen erreicht worden, so wurden für die gleiche Menge gut 30 Jahre später (1994) lediglich vier Hochöfen benötigt.[119] Die damit einhergehenden erheblichen Rationalisierungseffekte und Qualitätsverbesserungen waren u.a. auf weitreichende Prozessinnovationen wie das Sauerstoffblasverfahren, das Elektrostahlverfahren sowie, bei der Vorproduktion, das Stranggussverfahren zurückzuführen. Sie trugen dazu bei, dass die verbleibenden nordrhein-westfälischen Stahl- und Hüttenwerke bis heute erfolgreich am Markt vertreten sind.

Wie im Bergbau war die anhaltende Strukturkrise von zahlreichen organisatorischen und technischen Veränderungen begleitet. Im Zuge von „Elefanten-Hochzeiten" zwischen Stahlunternehmen wie Hoesch und Hoogovens (Estel 1972), Krupp und Hoesch (Krupp-Hoesch 1992) sowie schließlich Krupp-Hoesch und Thyssen (ThyssenKrupp 1997) kam es zu einer drastischen Reduzierung der produzierenden Hochöfen. Auf der Basis neuer Produktionsmethoden und einer rechnergestützten Prozesssteuerung beschritt die traditionsreiche Branche nun den Weg zu einer modernen Hightech-Industrie, wo in fast menschenleeren Produktionshallen Spezialstähle beispielsweise für die Automobilindustrie hergestellt werden.

Für die Region hatten die erheblichen Arbeitsplatzverluste indessen dramatische Auswirkungen. Noch vor Ausbruch der Krise hatten sich die Beschäftigtenzahlen in der Eisenschaffenden Industrie in Nordrhein-Westfalen zwischen 1960 und 1978 infolge von Rationalisierungsmaßnahmen um 86.000 Arbeits-

---

119 Vgl. *Petzina,* 1990 (wie Anm. 105), S. 537; *Rolf Kania,* Verspäteter Strukturwandel, in: Schaier, Joachim (Hrsg.), Schwer-Industrie. (Schriften/Landschaftsverband Rheinland, Rheinisches Industriemuseum Oberhausen, 13) Essen 1997, S. 176–191, hier S. 188.

plätze reduziert. Der Krise selbst fielen zwischen 1974 und 1990 weitere 100.000 Arbeitsplätze zum Opfer. Die daraus resultierenden Anpassungserfordernisse dauern teilweise bis heute an.[120]

Ihre Produktionsstandorte konzentrieren die Stahlanbieter mittlerweile im westlichen Revier, wo sie Kohle aus Australien und Erze aus Brasilien verarbeiten. Seitdem auf der Westfalenhütte in Dortmund 2001 der letzte Hochofen ausgeblasen wurde, liegen die bedeutenden Standorte der Stahlerzeugung, namentlich die drei letzten integrierten Hüttenwerke der Unternehmen ThyssenKrupp Steel Europe, der Hüttenwerke Krupp-Mannesmann (HKM) und ArcelorMittal heute im verkehrstechnisch günstiger gelegenen Duisburg. Wie lange sie allerdings noch am Rhein dem Wettbewerb der direkt an den Küsten der Weltmeere gelegenen Produktionsstandorte trotzen können, bleibt abzuwarten. Standortnachteile werden bislang noch durch beachtliche Innovationen und Qualitätsstandards, insbesondere beim Stahl für die Autoindustrie, kompensiert.

Mehr noch als der Montanbereich gehört die Textilindustrie zu den ältesten Industrien überhaupt. Ob nun Bielefelder Leinen, Krefelder Samt oder baumwollene Litzen und Bänder aus dem Wuppertal, seit Jahrhunderten verfügten das Rheinland und Westfalen über starke Textilregionen, die neben der Spinnerei und Weberei, auch die Veredelung, das Bekleidungsgewerbe und den Handel umfassten. Bildlich gesprochen gehören der Textil- und Bekleidungsindustrie sämtliche Stufen von der ersten Bearbeitung des textilen Rohstoffs bis zum Absatz des fertigen Erzeugnisses an den Endverbraucher an.

---

120 Vgl. *Stefan Goch*, Eine Region im Kampf mit dem Strukturwandel. Bewältigung von Strukturwandel und Strukturpolitik im Ruhrgebiet. (Schriftenreihe des Instituts für Stadtgeschichte, 10) Essen 2002, S.167; *Petzina*, 1990 (wie Anm. 105), S.523.

Die Textilindustrie gehörte in Nordrhein-Westfalen traditionell zu den wichtigsten Industriezweigen. Im Hinblick auf Beschäftigung und Umsatz rangierte sie mit rund 240.000 Beschäftigten 1957 hinter dem Bergbau auf Platz zwei.[121] Am Gesamtumsatz der bundesdeutschen Textilhersteller waren nordrhein-westfälische Textilbetriebe mit nahezu 35 Prozent beteiligt. Als die „reife Branche" indessen nach dem Zweiten Weltkrieg unter erheblichen Wettbewerbsdruck durch europäische und außereuropäische Billigproduzenten geriet, tat sich in Nordrhein-Westfalen neben dem Kohleproblem ein weiterer Krisenherd auf. Zwar war im Zuge der weltweiten Hochkonjunktur der Handel mit Textilien seit den 1960er Jahren rapide angestiegen, doch lösten „neue Textilländer" wie Indien, Bangladesch, Hongkong, Taiwan und China, aber auch Brasilien und die Türkei die bis dahin weltgrößten Textilexporteure Bundesrepublik Deutschland und Japan ab. Dies resultierte vor allem aus den Produktionskosten, die in diesen Ländern Mitte der 1980er Jahre um bis zu 90 Prozent niedriger waren als in der Bundesrepublik.[122]

Die davon ebenfalls begünstigten längeren Maschinenlaufzeiten hatten Produktivitätsunterschiede von bis zu 65 Prozent zur Folge. Dies verschaffte asiatischen Produzenten einen Wettbewerbsvorteil, der Textilien aus Fernost trotz der Einfuhrzölle auf dem bundesdeutschen Markt konkurrenzlos billig machte. So kostete das Paar gestrickter Wollhandschuhe aus Hongkong 1,69 DM, ein westdeutsches Produkt dagegen im Vergleich 3,00 DM.[123]

Und in der europäischen Wirtschaftsgemeinschaft konnten die italienischen Tuchmacher in Prato bei Florenz Tuche

121 Vgl. *Lauschke*, 2004 (wie Anm. 109), S. 151 f.
122 Vgl. *Frank Bierbaum*, Strategisches Verhalten in stagnierenden Branchen. St. Gallen 1992, S. 184.
123 Vgl. „Weiße Halden", in: Der Spiegel 45, 1958, S. 22–26, hier S. 24.

in den 1960er Jahren für deutsche Verhältnisse unerreichbar billig produzieren. Bereits seit Ende der 1950er Jahre waren daher besonders in den textilindustriellen Hochburgen des Landes – in Ostwestfalen, im Münsterland, am Niederrhein, im Aachener Raum und auch im Oberbergischen Kreis – die Kapazitäten der Webereien und Spinnereien immer weniger ausgelastet. Von 1960 bis 1970 wurden in der westdeutschen Textilindustrie etwa 120.000 Arbeitskräfte freigesetzt, zwischen 1980 und 1990 waren es nochmals 100.000. Damit hat sich die Zahl der Beschäftigten allein zwischen 1960 und 1980 mehr als halbiert.[124]

Allerdings greift es zu kurz, die Textilkrise allein auf eine Überschwemmung des bundesdeutschen Marktes mit billigen Produkten aus dem Ausland zurückzuführen. Denn mehr als unter der ausländischen Konkurrenz litten die westdeutschen Hersteller nach Jahren ausgezeichneter Umsätze unter konjunkturellen wie strukturellen Schwächen. Den Rückgang der Konjunktur teilten deutsche Textilfabrikanten mit den meisten ihrer westeuropäischen und US-amerikanischen Kollegen. Dabei wirkte sich das Umschwenken vom textilen Nachholbedarf nach dem Krieg auf langlebige Verbrauchsgüter wie Fernsehgeräte, Radios, Kühlschränke, Waschmaschinen und Autos sowie auf Reisen negativ auf die Absatzsituation aus.

Als strukturelle Schwäche erwies sich überdies, dass die Branche – besonders in der Seidenindustrie, der Strumpfherstellung sowie in den Sparten Wollgewebe, Baumwollgewebe und Zellwolle – übersetzt und Überproduktion an der Tagesordnung war. Die im Zuge der Bekleidungswelle anschwellenden Umsatzziffern hatten die Produktionskapazitäten in die Höhe getrieben, während Modernisierungsmaßnahmen

---

124 Vgl. *Lauschke,* 2004 (wie Anm. 109), S. 157.

außer Acht blieben. In der Konjunkturflaute der späten 1950er Jahren machte sich die überhöhte Produktionskapazität wie auch der veraltete Maschinenbestand zum ersten Mal empfindlich bemerkbar.

Zudem monierte der Handel, „daß die Kunden ausländische Ware oft wegen ihrer modischeren Dessins und zugkräftigeren Farben häufig bevorzugen".[125] Den Niedergang der westdeutschen Textilindustrie illustriert anschaulich das Beispiel des rheinischen „Hosenkönigs" Alfons Müller-Wipperfürth (1911–1986), der als „Massenschneider zeitloser Billigbekleidung"[126] in den 1950er Jahren zu einem der beliebtesten Bekleidungshersteller der Bundesrepublik aufstieg. In seinen besten Zeiten produzierte das Unternehmen mit Sitz in der oberbergischen Kleinstadt Wipperfürth mit 8000 Mitarbeitern in 18 in- und ausländischen Fabriken. Allerdings bemerkte Müller-Wipperfürth zu spät, dass sich der modische Geschmack in der Bundesrepublik verändert hatte. Das Unternehmen schloss Anfang der 1980er Jahre.

Angesichts der mittelständischen Struktur der Branche mit einem hohen Anteil an Familienunternehmen trat eine konservative Denkweise unverhüllt zutage. Inhaberunternehmer nehmen über einen längeren Zeitraum unterdurchschnittliche Renditen in Kauf, um den Fortbestand des Unternehmens zu gewährleisten. Dies zeigt auch das Beispiel eines der wohl prominentesten Vertreter der nordrhein-westfälischen Textilindustrie. Klaus Steilmann wurde als Sohn eines Gutsverwalters in

---

125 „Weiße Halden" (wie Anm. 123), S. 26.
126 *Hans-Otto Eglau*, „Einmal Millionär und zurück. Vom Hendlkaiser bis zum Hosenkönig: Kirch ist nicht der erste Patriarch, der Pleite geht", in: Die Zeit 16/2002, online verfügbar, URL: <http://www.zeit.de/2002/16/Einmal_Millionaer_und_zurueck> [letzter Zugriff: 31.10.2011].

Mecklenburg geboren und gründete 1958 die Klaus Steilmann GmbH & Co. KG in Wattenscheid, die sich in den folgenden Jahrzehnten mit der Herstellung preiswerter Mode zum größten Textilunternehmen Europas entwickelte. Anfang der 1990er Jahre gehörte das familieneigene Unternehmen mit weltweit mehr als 100 Werken, über 18.000 Mitarbeitern und einem Umsatz von 1,8 Milliarden DM zu den führenden Textilunternehmen Europas. Allerdings geriet die Firma in Bedrängnis, weil Steilmann aus Verbundenheit zum Standort Deutschland hier zu lange an der zu teuren Produktion festgehalten hatte.[127]

Anders als im mächtigen schwerindustriellen Sektor vollzog sich die Transformation der nordrhein-westfälischen Textilindustrie ohne größere öffentliche Aufmerksamkeit. Und anders auch als im Bergbau oder in der Landwirtschaft griff hier keine protektionistische Politik, sondern herrschte das Prinzip der offenen Märkte. In der Textilwirtschaft hatten die zumeist weiblichen Beschäftigten keine starke Gewerkschaft an ihrer Seite. Die Zahl der Beschäftigten sank dort zwischen 1960 und 1997 von 220.000 auf etwas mehr als 40.000 ab. Und in der benachbarten Bekleidungsindustrie reduzierte sich die Zahl der Beschäftigten von 110.000 Anfang der 1960er Jahre auf rund 18.000 im Jahr 1997.[128]

Immerhin blieb Nordrhein-Westfalen mit mehr als 400 Betrieben und 45.000 Beschäftigten (2004) auch nach der Jahrtausendwende der größte Textilstandort Deutschlands. Mit einem Umsatz von etwa sieben Mrd. Euro wurde hier rund ein Drittel des gesamten deutschen Branchenumsatzes erwirtschaftet. Im internationalen Vergleich gilt der

---

127 Vgl. *Stefan Weber*, „Mode für Millionen, nicht für Millionäre", in: Die Süddeutsche Zeitung, 16.11.2006.
128 Vgl. von *Alemann et al.*, 2000 (wie Anm. 3), S. 161.

Standort heute als „gut aufgestellt". Der Euphemismus des „Gesundschrumpfens" kann darum auch hier Verwendung finden. Neben traditionsreichen Wirkwarenherstellern wie dem Markenartikler Falke aus dem sauerländischen Schmallenberg, die ihre Marktposition über die Textilkrise hinweg erfolgreich verteidigen konnten, bietet die Herstellung von technischen Spezialtextilien, beispielsweise für Schutz- oder Funktionsbekleidung, ebenso Marktlücken wie neuerdings die Produktion von „grünen" Textilien. Bei der Herstellung technischer Textilien mit speziellen Eigenschaften wie Wärmeregulation, Leitfähigkeit oder antibakterieller Wirkung sind deutsche Hersteller führend. Stellvertretend aber für die außerordentliche Diversifikationsfertigkeit der Branche kann die Bergneustädter Firma Krawinkel angeführt werden, die vom krisengeschüttelten Aggertaler Textilhersteller zum Nischenanbieter für Tankstellenanzeigen (PWM) avancierte. PWM stattet heute mittlerweile 90 Prozent aller deutschen Tankstellen mit elektronischen Preisanzeigen aus.[129]

3 „Musterknaben" und „verborgene Weltmeister": Die Chemie-, Maschinen- und Fahrzeugbauindustrie

Mit rund zehn Prozent der Industriebeschäftigten und 450 Betriebsstandorten (2000) zählt Nordrhein-Westfalen heute zu den Chemie-Hochburgen in der Bundesrepublik. Anders als das Bild von der schwerindustriellen Bastion suggeriert, leistet die Chemieindustrie in Nordrhein-Westfalen seit Jahrzehnten den höchsten Beitrag zur wirtschaftlichen Wertschöpfung

---

129 Vgl. *Andreas Arnold*, „Von Strickwaren zum Plastikwerk", in: Kölner Stadtanzeiger, 15.12.2006.

des Landes. Neben vielfach mittelständisch geprägten Firmen finden sich einige unternehmerische Schwergewichte an der Rheinschiene im Raum Köln-Leverkusen-Dormagen-Krefeld. Obgleich mit den Zweigen Grundstoffchemie, Mineralöl, Agrochemie, Kunststoffe/Polymere, Pharma und Waschmittel hochgradig diversifiziert, verstärkte sich insbesondere in den vergangenen Jahrzehnten die Tendenz zur Bildung von Produktions- und Wissens-Clustern, so etwa in der Chem-Cologne-Region (Leverkusen-Dormagen) oder im Ruhrgebiet (Ruhrchemie Oberhausen, Chemiepark Marl).

Die Konzentration dürfte kaum überraschen, denn der Chemiesektor weist im Rheinland und in Westfalen schon durch seine Nähe zur Ruhrindustrie eine lange Tradition zur Verbundwirtschaft auf. Schließlich begründeten mineralische Stoffe die Entstehung der Teerfarbenindustrie im 19. Jahrhundert. Anknüpfend an diese Wertschöpfungskette gründete der Kaufmann Friedrich Bayer 1863 seine Teerfarbenfabriken in Wuppertal, dem damaligen Zentrum der Textilveredelung, ehe das Unternehmen seinen Hauptsitz zu Beginn des 20. Jahrhunderts nach Leverkusen verlegte.

Aufgrund ihres hohen Innovationspotenzials gehört die westdeutsche Chemieindustrie zu den international stark nachgefragten Branchen. Durch Ausgründungen von Tochtergesellschaften, durch Start up-Unternehmen wie auch durch Fusionen zeigt sich dieser Industriezweig bislang strukturell flexibel. So gehört der Leverkusener Bayer Konzern zu den deutschen Pharmaunternehmen, die sich, auch durch Akquisitionen, Zukäufe und Diversifizierungen, bislang eigenständig auf dem Weltmarkt behaupten.

Als weniger zukunftsfähig erweisen sich hingegen mittelständische Firmen, die – finanziell zu gering ausgestattet – in einem globalen Markt der Pharmaindustrie auf der Strecke bleiben. Der Druck, neue Wachstumsquellen zu erschließen, ein zu geringer Forschungsetat und eine eingeschränkte Marktposition machen die Aufnahme externer Investoren vielfach unvermeidlich. Die Presse sprach darum vom „Ausverkauf im Pharma-Mittelstand" (FAZ, 2006), zumal die damit verbundenen „Anpassungen" und „Synergien" vielfach unweigerlich den Abbau von Arbeitsplätzen zur Folge haben. Dies bekam auch die Monheimer Firma Schwarz Pharma zu spüren, die sich vom „Pillendreher der Nachkriegszeit" zu einem „Solitär" im Kölner „Pharma-Gürtel" entwickelt hatte.[130] 2006 verkaufte die Eigentümerfamilie Schwarz-Schütte das Unternehmen an den belgischen Biopharmazie-Hersteller UCB. Das großzügige Abschiedsgeschenk der Unternehmerfamilie an jeden Vollzeit-Mitarbeiter, ein Betrag in Höhe von 10.000 Euro, erwies sich dabei als schwacher Trost, denn in den folgenden Jahren sollte der Standort Monheim fast ein Drittel der Arbeitsplätze verlieren.

Als Zukunftsbranche präsentiert sich dagegen der seit den ausgehenden 1980er Jahren insbesondere im Umfeld universitärer Einrichtungen rasant wachsende Bereich der Biopharmazie und -technologie. Im Rheinland finden sich bedeutende Standorte, die vielfach in Verbindung mit umliegenden medizinischen Forschungseinrichtungen stehen. Bei diesen Unternehmen handelt es sich häufig um Ausgründungen *(Spin-offs)* universitärer Forschergruppen, etwa im Umfeld der medizinischen Fakultäten der Universitäten von Köln oder Düsseldorf. Die Hildener Firma QIAGEN gehört zu den Pionieren in diesem Segment und dient als Aushängeschild einer Branche, die

---

130 „Monheim: Tränen der Trauer", in: Rheinische Post, 29.8.2008, online verfügbar, URL: <http://www.rp-online.de/region-duesseldorf/langenfeld/nachrichten/traenen-der-trauer-1.904080> [letzter Zugriff: 31.10.2011].

das Land Nordrhein-Westfalen nach dem Willen der Landesregierung zu einem der führenden Biotech-Standorte Europas
machen soll. Das politische Interesse ist begründet, beschäftigen solche Firmen doch in aller Regel mehr als 50 Prozent der
Mitarbeiter vor Ort – mit steigender Tendenz.

Viele der genannten Beispiele haben bereits deutlich gemacht, dass die Wirtschaftsstruktur Nordrhein-Westfalens nur
vordergründig großindustriell geprägt ist. Begibt man sich in
die Fläche, so zeigen sich weite Landesteile stark mittelständisch geprägt. Doch nicht von ungefähr rückte die Gruppe
der *Hidden Champions*, der „versteckten" Weltmarktführer,
erst Mitte der 1990er Jahre in das öffentliche Interesse, zu einer Zeit nämlich, als die „alten Industrien" ihren Zenit längst
überschritten hatten. Seither geht das Interesse an der mittelständischen Wirtschaft und ihren Potenzialen Hand in Hand
mit der Suche nach Alternativen zu den krisengefährdeten
großindustriellen Strukturen. Für Nordrhein-Westfalen gehen
Schätzungen bei rund 700.000 Kleinen und Mittleren Unternehmen (KMU) von rund 150 *Hidden Champions* aus, die in
ihren jeweiligen Märkten führend sind. Damit weist das Bundesland neben Baden-Württemberg die meisten „versteckten
Weltmarktführer" in der Bundesrepublik Deutschland auf.[131]

In diesem Segment besitzt der Maschinenbau im Rheinland und in Westfalen eine lange Tradition, wenn man be-
denkt, dass Friedrich Harkort mit seiner Maschinenfabrik in
Wetter an der Ruhr bereits im frühen 19. Jahrhundert den Nu-

---

131 Vgl. *Wolfgang Pott* (Hrsg.), Heimliche Weltmeister in Nordrhein-
Westfalen. 74 Unternehmen und ihr Weg an die Weltspitze. Essen
2006; *Susanne Hilger*, Weltoffen und heimatbewusst". ‚Hidden
Champions' in NRW und die Konstruktion von regionaler Identität, in: Brautmeier, Jürgen/Düwell, Kurt/Heinemann, Ulrich/Petzi-
na, Dietmar (Hrsg.), Heimat Nordrhein-Westfalen. Identitäten und
Regionalität im Wandel. Essen 2010, S. 297–313.

kleus der bis heute bestehenden Duisburger Maschinenbau-Firma Demag Cranes, einem „versteckten" Weltmarktführer in Krantechnologie, begründete. Das Profil des Spezialmaschinenbaus spiegelt sich heute in einer Vielzahl hochspezialisierter Maschinenbaufirmen in Nordrhein-Westfalen, die wesentlich zum Exporterfolg der NRW-Wirtschaft beitragen. Egal, ob nun Hersteller von Haushaltsgeräten wie Miele in Gütersloh oder von Textilmaschinen wie Trützschler in Mönchengladbach, als mittelständisch geprägte und vielfach noch in Familienhand befindliche Anbieter bilden Firmen wie diese das industrielle Rückgrat der NRW-Wirtschaft, das sich auch den Herausforderungen globaler Märkte gewachsen zeigt.[132] Dies unterstreicht das Beispiel Ostwestfalens, einem Maschinenbaustandort mit wechselvoller Tradition. Hier hatte der Leichtmaschinen- und Fahrzeugbau in Bielefeld mit dem Fahrzeughersteller Dürrkopp oder den Anker-Werken als Hersteller von Buchungsmaschinen nach dem Zweiten Weltkrieg erhebliche Einbußen zu verkraften. Demgegenüber findet sich in Harsewinkel im östlichen Münsterland mit der Firma Claas, in dritter Generation familiengeführt, der größte Hersteller von Landmaschinen weltweit. Mähdrescher von Claas finden sich auf den Kornfeldern Südrusslands ebenso wie auf den Reisfeldern Asiens.[133]

Die Automobilindustrie stieg erst nach dem Zweiten Weltkrieg, insbesondere aufgrund ihrer Verbundwirkungen mit vor- und nachgelagerten Branchen wie etwa Motoren- und Zubehörproduktion oder KFZ-Handel, zur Schlüsselindustrie des westdeutschen „Wirtschaftswunders" auf. Dabei hatte ins-

---

132 Vgl. *Pott*, 2006 (wie Anm. 131).
133 Vgl. *Horst-Dieter Görg/Martin Beckmann*, Claas-Chronik. Dokumentation eines traditionsreichen Maschinenbauunternehmens seit 1913. Frankfurt/Main 2004.

besondere die Wolfsburger Volkswagen AG vorgemacht, wie dieser neue Markt für ein „Beschäftigungswunder" in strukturschwachen Regionen sorgen konnte. Derartige Impulse zeigten sich in Nordrhein-Westfalen in unterschiedlicher Weise. Einerseits war das Rheinland schon lange vor dem Zweiten Weltkrieg zum „Auto-Land" avanciert, nachdem Henry Ford höchstpersönlich im Oktober 1930 auf einem 170.000 Quadratmeter großen Gelände in Köln-Niehl den Grundstein zu den deutschen Ford-Werken gelegt hatte. Ohnehin besaß der Fahrzeug- und Maschinenbau in Köln eine lange Tradition. Schon 1864 nahmen Nicolaus August Otto und Eduard Langen in einer kleinen Werkstatt in der Kölner Altstadt die Motorenfertigung auf, die zur Stammzelle der heutigen Deutz AG wurde.

Stärker noch als Köln kann Bochum als die nordrheinwestfälische Antwort auf Wolfsburg gelten. Das Bochumer Opel-Werk wurde zur Heimat von Kultmarken wie dem Kadett. Und bei den Kumpeln galt lange der Wahlspruch „Opel faan is wie wenze fliechs". Doch angesichts eines sich intensivierenden globalen Wettbewerbs und mit der sich abzeichnenden Sättigung der Märkte gerieten die Automobilproduzenten seit den 1970er Jahren verstärkt unter Druck. Und seit der amerikanische Mutterkonzern General Motors 2009 ins Trudeln kam, steht auch die Existenz des Bochumer Standortes zur Disposition. Noch bevor heute die letzte Zeche geschlossen wird, drohen schon bei den Unternehmen der neuen Industrien die Lichter auszugehen.

Von Einbußen betroffen zeigte sich zuletzt auch die Automobil-Zulieferindustrie, die 1997 in Nordrhein-Westfalen in 800 Betrieben mehr als 200.000 Personen beschäftigte. Dabei handelt es sich im Wesentlichen um klein- und mittelständische Firmen für die Herstellung von Motoren-, Lenk- und Kupplungsteilen bis hin zu Reifen, Bremsen, Licht und textiler

Innenausstattung. Als „verlängerte Werkbank" der Autobauer sind diese Unternehmen in den ländlichen Regionen etwa des westlichen Münsterlandes (Borgers), des Sauerlandes (Hella, C.D. Peddinghaus, Kronprinz) wie auch im Bergischen und Oberbergischen Land ansässig (Bergische Achsen, ISE). Als problematisch erweist sich in ihrem Fall die hohe Abhängigkeit von den Produzenten, die gerade in Krisenzeiten ökonomischen Anpassungsdruck an die vorgelagerten Zulieferer weitergeben. Eine Folge davon war, wie 2002 bei C.D. Peddinghaus in Ennepetal, eine Insolvenz und anschließende Aufnahme in den größeren internationalen Konzernverbund der indischen Kalyani-Gruppe. Obgleich zunächst befremdend, gilt der Einstieg indischer Investoren in das mittelständische Unternehmen im Sauerland heute als Aushängeschild für eine gelungene Globalisierung.[134]

4 Marken „made in NRW"

Markenartikel gehören seit mehr als 100 Jahren zu den Kennzeichen des Güteraustauschs. Ihr Anteil liegt in manchen Märkten wie für Automobile, Hausgeräte oder Pharmazeutika bei bis zu 100 Prozent. Langlebige Marken wie Aspirin von Bayer haben sich dabei geradezu zu Gattungsnamen entwickelt. Damit bildete der Markenartikel einen Meilenstein auf dem Weg zum modernen Massenkonsum. Seit der Industrialisierung sorgten standardisierte Herstellungsmethoden für die Ausbildung neuer Märkte im Konsumgüterbereich. Und

---

134 Vgl. *Rainer Hörig*, „Globalisierung ist keine Einbahnstraße", in: FR-online, 30.6.2006, URL: <http://www.fitforindia.com/Deutsch/ FR.kalyani.html> [letzter Zugriff: 12.01.2012].

Marken dienten dabei der Unterscheidung und Alleinstellung. Produkte des täglichen Bedarfs wie Nahrungs-, Wasch- und Reinigungsmittel, Textilien, Haushaltsgeräte oder Fahrräder waren nun als Massenprodukte zu günstigeren Preisen erhältlich und hielten mit steigender Kaufkraft Einzug in die privaten Haushalte.

Markenzeichen sind seit 1874 staatlich geschützt. Markenwaren sind laut § 23,2 GWB „Erzeugnisse, deren Lieferung in gleich bleibender [...] Güte" von dem produzierenden Unternehmen gewährleistet wird und „die selbst oder deren Umhüllung oder [...] Ausstattung mit einem ihre Herkunft kennzeichnenden Merkmal (Firmen-, Wort- oder Bildzeichen) versehen sind". Der Markenschutz bezieht sich nicht nur auf das Markenzeichen im engeren Sinne (Logo), sondern umfasst auch die Aufmachung, Form der Verpackung, Design, Farbgebung, akustische Signale usw. Der Markenexperte Konrad Mellerowicz zählt u. a. den überdurchschnittlichen Qualitätsanspruch, die einheitliche Aufmachung und gleiche Güte, die Preiswürdigkeit, die Ubiquität (also Verbreitung) und – als „A und O" – die Verbraucherwerbung zu den konstituierenden Merkmalen von Markenartikeln.[135] Dies alles trage zu einer (rational-emotionalen) Markenbindung des Konsumenten bei, die sich in der Anerkennung im Markt, in Wiederkaufsrate und Verkehrsgeltung und somit letztlich im *Goodwill* des Unternehmens (Firmenwert) niederschlage. Vielfach gelang den Herstellern auf diese Weise der Aufbau eines Images als „fest verankertes, unverwechselbares Vorstellungsbild[es]".[136]

---

135 Vgl. *Konrad Mellerowicz*, Unternehmenspolitik. Freiburg im Breisgau 1963, S. 39.
136 *Heribert Meffert* (Hrsg.), Markenmanagement. Grundfragen der identitätsorientierten Markenführung mit Best-Practice-Fallstudien. Wiesbaden 2002, S. 6.

Als eine Art „Personifizierung der Ware" zielen Markenartikel darauf ab, die charakteristische Uniformität und Anonymität von Massenerzeugnissen und zugleich ihr negatives Qualitätsimage zu durchbrechen.

Pioniere der Markenartikel aus dem Rheinland und Westfalen lassen sich z. B. mit den Solinger Schneidwerken der Marke Zwilling bis ins 16. Jahrhundert zurückverfolgen. Bis heute gelten zwar noch immer Konzernnamen aus der Schwerindustrie wie Krupp oder Thyssen als Aushängeschild und *Branding* der nordrhein-westfälischen Wirtschaft. Doch greift dies viel zu kurz, denn hier hat eine Vielzahl von Marken ein Zuhause, die aus dem modernen Haushalt nicht mehr wegzudenken sind und auch auf den internationalen Märkten einen guten Klang besitzen. Dazu gehören Dr. Oetker aus Bielefeld (1893), Zentis aus Aachen (1893), Melitta (seit 1929 in Minden) oder Persil aus Düsseldorf (1917) ebenso wie die Haushaltsgeräte von Miele aus Gütersloh (1899), Vorwerk aus Wuppertal (1883) oder Vaillant aus Remscheid (1899).

Der Erfolg von Markenprodukten liegt vielfach in ihrer Langlebigkeit, die auch Wirtschaftskrisen, Kriege und veränderte Moden überdauert. Getragen von der Konsumwelle des „Wirtschaftswunders" nach dem Zweiten Weltkrieg standen Markenartikel die ökonomischen Stagnationstendenzen der 1960er und 1970er Jahre ebenso durch wie das Aufkommen neuer Vertriebsformen in Form von Selbstbedienungsläden und Billig-Discountern. Auch die immer wieder aufflammende Kritik am Markenartikel wie die überhöhten Preise durch überzogene Handelsspannen und eine übermäßige Werbung konnten der Beliebtheit des Absatzkonzepts bislang wenig anhaben.

Vielmehr verzeichnet diese Warengattung seit den 1980er Jahren analog zur Internationalisierung der Märkte eine nachhaltige Expansion. Und dabei kann gerade die regionale Herkunft ein gravierendes Alleinstellungsmerkmal darstellen. So gehören beispielsweise Markenprodukte wie Aachener Printen (Lambertz), Köln Zucker (Pfeiffer & Langen) und 4711 Original Kölnisch Wasser ebenso wie die zahlreichen Bier-Marken, egal, ob nun für Pils, Kölsch oder Altbier oder die Haribo-Gummibären aus Bonn, die ihren Herkunftsnachweis bereits im Namen führen, teilweise seit Jahrhunderten zu den wichtigsten Botschaftern ihrer Herkunftsregion. Allerdings können auch Marken einem Strukturwandel unterliegen, untergehen und als Objekte des Retro-Kults ein Revival erleben. Dies unterstreicht die Geschichte der Kölner Marke „AfriCola" oder der „Creme 21" der Düsseldorfer Firma Henkel.

Zudem sind die grundlegenden gesellschaftlichen und wirtschaftlichen Veränderungen im Zuge der postindustriellen Gesellschaft von hohem Einfluss auf die Entwicklung von Marken. Diese Differenzierung lässt sich für Nordrhein-Westfalen seit den 1950er Jahren nachzeichnen. Gab es bis zu dieser Zeit vornehmlich Marken aus dem Industrie- oder Konsumgüterbereich sowie auch aus dem Bereich des Handels, der Banken und Versicherungen, so kamen nun verstärkt Marken aus dem Dienstleistungssektor hinzu. Neue Marken bildeten sich beispielsweise für Kommunikationssysteme oder Handelsgesellschaften heraus. Das gilt etwa für D2 oder E-Plus, beide mit Sitz in Düsseldorf.

5 Handel und High Tech Solutions: „Alte" und „neue" Dienstleistungen

Der Begriff Tertiarisierung beschreibt die Entwicklung zur Dienstleistungsgesellschaft, in der Dienstleistungen einen

„integrale[n] Bestandteil aller wirtschaftlichen Aktivitäten"[137] bilden. Ein solcher Prozess kennzeichnet die nordrhein-westfälische Wirtschaftsgeschichte seit dem Zweiten Weltkrieg, stärker noch seit der in den 1970er Jahren einsetzenden Deindustrialisierung. Die Expansion des dritten Sektors zeigt sich darin, dass sich zu den ‚klassischen' Dienstleistungsgewerben wie etwa Banken, Handel und Versicherungen, Transport, Verkehr und Tourismus, Hotel- und Gaststätten, öffentliche Verwaltung und Bildungswesen sowie Kommunikation/Medien neue Sparten wie die sich rasant entwickelnde Informations- und Kommunikationstechnik, die Beratungsbranche, die Gesundheitsökonomie oder soziale Dienstleistungen hinzugesellen.

Auch wenn hier nicht alle Bereiche hinlänglich gewürdigt werden können, scheint sich insgesamt Jean Fourastiés „Hoffnung des 20. Jahrhunderts", dass nämlich der dritte Sektor den Wegfall der industriellen Arbeitsplätze kompensieren werde, grundsätzlich erfüllt zu haben. Dies allerdings nur auf den ersten Blick, denn aktuelle Studien gehen davon aus, dass sich nicht nur die Beschäftigungsformen diversifiziert, sondern auch die Arbeitsverhältnisse grundsätzlich verändert haben. Dabei stellt sich die Frage nach der Qualität der so geschaffenen Arbeitsplätze, denn gerade im dritten Sektor nahmen seit den vergangenen Jahrzehnten Teilzeitarbeit, befristete Arbeitsverträge und Leiharbeit auf Kosten regulärer Vollzeitbeschäftigungsverhältnisse stark zu. Dies gilt auch für die wachsende Anzahl von „Mini-Jobs" und Niedriglohntätigkeiten, etwa in der Gastronomie, im Einzelhandel oder bei den Telefondiensten und Call Center-Agenturen. Dabei ließ

---

137 *Rudolf Maleri/Ursula Frietzsche*, Grundlagen der Dienstleistungsproduktion. 5. Aufl. Berlin 2008, S. 3.

der „Boom in den sozialen Dienstleistungen"[138] die Frauenerwerbstätigkeit erheblich ansteigen. Allerdings erweist sich fast jeder zweite Arbeitsplatz in Nordrhein-Westfalen, der mit einer Frau besetzt ist, als ein Teilzeitarbeitsverhältnis.[139] Dabei gilt Oberhausen heute statistisch als Ruhrgebietsstadt mit den höchsten Beschäftigungsanteilen im Einzelhandel. Gleichzeitig verbucht die Stadt die höchste Teilzeit- und Frauenerwerbsquote des Ruhrgebiets.[140]

Statistisch betrachtet wies Nordrhein-Westfalen zunächst schwächere Zuwachsraten im Dienstleistungsbereich auf als der Bundesdurchschnitt. So verzeichnete der Bund zwischen 1977 und 1985 einen Anstieg der Dienstleistungsbetriebe um 12,4 Prozent, während Nordrhein-Westfalen lediglich auf 10,4 Prozent kam.[141] Gerade im Ruhrgebiet schien die monoindustrielle Prägung Tertiarisierungsschübe lange zu hemmen. So wies das Revier zwischen 1980 und 2000

138 *Petra Lessing*, Der Dienstleistungssektor wächst im Ruhrgebiet nur unterdurchschnittlich. In vielen Bereichen verläuft die Entwicklung langsamer als in anderen Landesteilen, in: Kommunalverband Ruhrgebiet (Hrsg.), Jahrbuch Ruhrgebiet Standorte 2001/2002, S. 285–300, hier S. 290.
139 Vgl. Statistik „Atypische" Beschäftigung 2008, „Sozialpolitik aktuell" des Instituts für Soziologie der Universität Duisburg-Essen, URL: <http://www.sozialpolitik-aktuell.de/tl_files/sozialpolitik-aktuell/_ Politikfelder/Arbeitsmarkt/Datensammlung/PDF-Dateien/ab­bIV29.pdf> [letzter Zugriff: 12.08.2010], *Wolfgang Strengmann-Kuhn*, Armut trotz Erwerbstätigkeit. Analysen und sozialpolitische Konsequenzen. (Frankfurter Beiträge zu Wirtschafts- und Sozialwissenschaften, 8.) Frankfurt/Main 2003, S. 75 f.; *Zahlenbilder (Red.)*, Nordrhein-Westfalen. Wirtschaft, Gesellschaft, Politik im Schaubild. Berlin 2006, S. 32.
140 Vgl. *Petra Lessing*, Struktur und Entwicklung der sozialversicherungspflichtig Beschäftigten im Ruhrgebiet 1980 bis 2004. Essen 2006, S. 36–39 und S. 48.
141 Vgl. *Gunter Kayser/Axel Dahremöller*, Private und öffentliche Dienstleistungen in Nordrhein-Westfalen, in: Bußmann, 1988 (wie Anm. 80), S. 138–154, hier S. 152.

in der Entwicklung des Dienstleistungssektors mit einem Zuwachs von etwa 30 Prozent einen deutlichen Rückstand gegenüber anderen Regionen Nordrhein-Westfalens mit Zuwächsen von 50 Prozent auf.[142] Immerhin wurden hier zur gleichen Zeit mehr als 180.000 neue Arbeitsplätze im Dienstleistungssektor geschaffen. Dabei entstammen drei der fünf größten Beschäftigungssegmente den Bereichen Einzelhandel, Gesundheits- und Veterinärwesen sowie der Rechts-, Wirtschaftsberatung und Immobilien. Zugleich gingen zahlreiche Dienstleistungsunternehmen aus ehemaligen Montankonzernen (u. a. Evonik Industries) und Handelsfirmen (u. a. Haniel) hervor.[143]

Insgesamt scheint der Abschied von der Industriegesellschaft nicht leicht zu fallen. Schließlich könne man „nicht dauerhaft davon leben, dass wir uns gegenseitig die Haare schneiden",[144] meinte schon 1995 BDI-Präsident Hans-Olaf Henkel. Als charakteristisch für den Tertiarisierungsprozess in der nordrhein-westfälischen Wirtschaft erweist sich, dass eine Reihe von innovativen Branchen an die Traditionen des Industrielandes Nordrhein-Westfalen anknüpfen konnte und zu einer engen Verzahnung der Sektoren beigetragen hat. Produktbezogene Dienstleistungen (Design, Entwicklung, Wartung, Information, Beratung), technische Serviceleistungen sowie der Bereich Logistik und Verkehr bleiben dem

---

142 Vgl. *Goch*, 2004 (wie Anm. 81), S. 26.
143 Vgl. *Lessing*, 2001/2002 (wie Anm. 138), S. 293; *Rainer Danielzyk*, Metropole Ruhr als Standort von Unternehmenssitzen, in: Prossek, Achim/Schumacher, Joachim (Hrsg.), Atlas der Metropole Ruhr. Vielfalt und Wandel des Ruhrgebiets im Kartenbild. Köln 2009, S. 124–125, hier S. 125.
144 „Mehr Verlierer als Gewinner?", in: Die Zeit 22/1995, online verfügbar, URL: <http://www.zeit.de/1995/22/Mehr_Verlierer_als_Gewinner_> [letzter Zugriff: 31.10.2011].

produzierenden Gewerbe eng verbunden. Die sogenannten unternehmensbezogenen Dienstleistungen wuchsen mithin besonders dynamisch. „Industrielle Dienstleistungen" bilden insofern ein besonderes Kennzeichen der nordrhein-westfälischen Wirtschaft in der postindustriellen Phase. Seit den 1990er Jahren fällt „[...] der Wertschöpfungsbeitrag der Dienstleistungen an Rhein und Ruhr [...] sogar [...] höher als im Bundesgebiet insgesamt"[145] aus, was für die Qualität der Leistungen spricht.

Verglichen mit nordrhein-westfälischen „Problemzonen" wie dem Ruhr-Revier erweist sich die sogenannte „Rheinschiene" als mustergültiges Beispiel für langlebige Dienstleistungsorientierung. Dort, wo sich wie in Düsseldorf, Köln oder Bonn „Handels- und Bankentraditionen mit der Expansion öffentlicher Zentral- und Landesverwaltungen verbanden"[146], bestanden günstige Entwicklungsbedingungen für den tertiären Sektor. Bereits Mitte der 1960er Jahre galt der Großraum Köln-Düsseldorf nach Hamburg als das bedeutendste deutsche Dienstleistungszentrum der Bundesrepublik.[147]

Ein weiterer Schwerpunkt der rheinisch-westfälischen Wirtschaft liegt auf dem Handel. Mit klingenden Namen wie Haniel oder Stinnes blickt zum Beispiel Mülheim an der Ruhr auf eine lange Handels- und Speditionstradition im Bereich Kohle, Eisen und Stahl zurück und gilt heute

---

145 *Zahlenbilder*, 2006 (wie Anm. 139), S. 29.
146 *Dietmar Petzina*, Wirtschaft, in: Faust, Anselm (Hrsg.), Nordrhein-Westfalen. Landesgeschichte im Lexikon. (Veröffentlichungen der Staatlichen Archive des Landes Nordrhein-Westfalen, Reihe C, 31) Düsseldorf 1993, S. 470–478, hier S. 475 f.
147 Vgl. *Detlef Briesen*, Vom Durchbruch der Wohlstandsgesellschaft und vom Ende des Wachstums 1955–1995, in: Briesen, 1995 (wie Anm. 21), S. 202–268, hier S. 227.

im Einzelhandel mit „Schwergewichten" wie ALDI und Tengelmann neben Köln (REWE) und Düsseldorf (Metro, C&A) zugleich als ein Zentrum des Lebensmittel- und Warenhandels. Textilhandelsfirmen wie Ernsting's Family mit Hauptsitz in Coesfeld-Lette und KiK aus Bönen bei Unna knüpfen ebenso wie C&A an die jahrhundertealte westfälische Handelstradition an. Heute umfasst der Jahresumsatz der Branche mit ca. 200 Milliarden Euro etwa 12 Prozent der im Bundesland Nordrhein-Westfalen erwirtschafteten Wertschöpfung und bietet rund einer Mio. Menschen im Land eine Beschäftigung.[148]

Die Unternehmensgeschichte der Franz Haniel & Cie. GmbH liefert ein anschauliches Beispiel für das Zusammenspiel von Handelstradition und Industrie- und Dienstleistungsengagement. Bereits im 18. Jahrhundert begann die Familie Haniel mit dem Aufbau ihrer Geschäftstätigkeit über ein Handelshaus am Ruhrorter Hafen („Ruhrorter Packhaus") und Speditionsgeschäften (v.a. im Vertrieb von Eisen und Stahl des Ruhrgebietes, im Kohlenhandel oder im Postdienst). Im 19. Jahrhundert erfolgte unter Franz Haniel (1779–1868) ein massiver Ausbau des Unternehmens in die neuen Geschäftsfelder der Montanindustrie (Gutehoffnungshütte, GHH), der aus den Kohlehändlern Industrielle machte. Mit dem Niedergang von Bergbau und Schwerindustrie wandte sich Haniel neben den klassischen Geschäftsbereichen zunehmend Feldern des Konsumgüter- und Pharma-Handels (METRO) zu. Seither handelt es sich bei dem Unternehmen um einen diversifizierten Mischkon-

---

148 Vgl. *Ministerium für Wirtschaft, Mittelstand und Energie des Landes Nordrhein-Westfalen*, URL: <http://www.mwme.nrw.de/branchen/Handel/index.php> [letzter Zugriff: 21.11.2011].

zern, mit starken Anteilen in den Bereichen Handel und Dienstleistungen.[149]

Im Kontext des Güteraustauschs steht auch der Messestandort Nordrhein-Westfalen für die enge Verknüpfung von Dienstleistung und industrieller Produktion. Die repräsentative Funktion von Handel und Produktvermarktung auf regionalen Messen reicht gerade an der „Rheinschiene", in Düsseldorf und Köln, wie auch in Essen und Dortmund bis in das 19. bzw. 20. Jahrhundert zurück. Mit 204.000 qm Ausstellungsfläche in 15 Hallen in Düsseldorf und 275.000 qm in 14 Hallen in Köln gehörten die beiden Städte in den 1980er Jahren zu den ‚top ten of the world'. Die Messe Essen liegt mit 50 Messen und Ausstellungen, darunter 12 internationale Leitmessen, weltweit auf Platz 34 der internationalen und unter den ersten Zehn der deutschen Messeplätze. Demgegenüber hält der in den 1970er Jahren errichtete Messestandort Dortmund mit gegenwärtig rund 30 Messen pro Jahr seinen Status als regionaler Veranstaltungsort mit internationaler Ausstrahlung. Mittlerweile nimmt Nordrhein-Westfalen im bundesweiten Vergleich mit seinen Messestandorten und seiner Messedichte eine herausragende Stellung ein; so stellt das Land beispielsweise bundesweit ein Drittel der Ausstellungskapazitäten bereit.[150]

---

149 Vgl. „Die Haniel Geschichte. 1756–2008", URL: <http://www. haniel.de/irj/go/km/docs/haniel_documents/hcw/public/haniel/group/Geschichte/Kurzchronik_deutsch> [letzter Zugriff: 30.07.2010]; *Harold James*, Familienunternehmen in Europa. Haniel, Wendel und Falck. München 2005.

150 Vgl. Messe Essen, URL: <http://www.messe-essen.de/de/messeessen/wirberuns/aboutus.html; Messe Dortmund, URL: http://www.westfalenhallen.de/3779.php; Ausstellungs- und Messe-Ausschuss der Deutschen Wirtschaft e.V. (AUMA)>, URL: <http://www.auma.de/_pages/d/01_Branchenkennzahlen/0101_InternationaleMessen/010101_Hallenkapazitaeten.aspx> [letzter Zugriff jeweils: 11.01.2012].

Neben dem Groß- und Fachhandel besaß der nach dem Zweiten Weltkrieg aufkommende Massenkonsum erheblichen Einfluss auf das nordrhein-westfälische Handelswesen. Die Restrukturierung und Expansion des Einzelhandels spiegelt z. B. der Siegeszug des Selbstbedienungsprinzips im Einzelhandel wider. Und die Entwicklung zu einer amerikanisierten Konsum- und Freizeitgesellschaft versinnbildlicht nichts „besser als die neuen Einzelhandelslandschaften, die auf Industriebrachen, am Stadtrand oder in den modernisierten Innenstädten entstanden".[151] Dabei ist die wachsende Anzahl an Einkaufszentren, die im Rhein-Ruhr-Gebiet auf der „grünen Wiese" errichtet wurden, der besonderen Nachfragesituation in einem der stärksten Verdichtungsräume der Bundesrepublik Deutschland geschuldet. Das erste große Shopping-Center „Ruhr-Park" entstand 1964 mit 24.000 qm Verkaufsfläche in Bochum-Harpen. Es war nach dem Main-Taunus-Zentrum in Sulzbach die zweite Einrichtung dieser Art in der Bundesrepublik. Das RheinRuhr-Zentrum (RRZ) in Mülheim-Heißen entstand 1973 auf einer Kohlenumschlaganlage des Mülheimer Bergwerksvereins und wies bei seiner Eröffnung 1973 schon rund 100.000 qm Verkaufsfläche auf.

Im Zuge der „Shopping- und Event-Kultur" der 1990er Jahre boten diese Ansiedlungen zusätzliche Angebote der Gastronomie und Unterhaltungsindustrie (Kinos, Sporteinrichtungen), die der Erhöhung der Erlebnisqualität dienen sollten. Einen Höhepunkt dieses Trends bildete zuletzt das „CentrO" in Oberhausen, das auf dem ehemaligen Werksgelände der Gutehoffnungshütte als „Einkaufsparadies" mit

---

151 *Ludger Basten*, „Komm wir fahren ins Einkaufszentrum" – der neue Einzelhandel, in: Prossek et al., 2009 (wie Anm. 143), S. 152–155, hier S. 152.

einer Vielzahl von Freizeit- und Unterhaltungsangeboten als Aushängeschild des voranschreitenden Strukturwandels gilt. Auch wenn das Beispiel des Oberhausener Shoppingcenters im Schatten des Industriedenkmals „Gasometer" gemeinhin auch ökonomisch als Erfolg gewertet wird, so darf dies nicht über die dramatischen Veränderungen der Innenstädte im Zuge von Deindustrialisierung und Arbeitslosigkeit hinwegtäuschen.[152]

Ob nun Düsseldorf, der „Schreibtisch des Ruhrgebietes", Bonn als provisorische Bundeshauptstadt oder Köln als traditioneller Bankenplatz, historisch verfügen die Städte an der Rheinschiene teilweise über eine weit zurückreichende Tradition als Dienstleistungsstandorte. Im Gegensatz zu London, dem globalen Finanzzentrum, weisen die nordrheinwestfälischen Standorte aber nach wie vor eine gemischte Branchenstruktur auf. Aber auch Letztere bleibt vom Wandel nicht unberührt. So erfährt etwa der Kreditsektor durch die Verbreitung von Online Banking, Rationalisierung sowie durch die Neukonzeption der Standorte und die Reduzierung der Filialen seit Jahren massive Veränderungen. Zwar war der deutsche Finanzsektor nach dem Ende des Zweiten Weltkrieges zunächst durch die Alliierten entflochten worden, konnte jedoch während der 1950er Jahre im Zuge der Rehabilitierung der drei deutschen Großbanken alte Strukturen rasch wiederbeleben. Hierzu zählte u. a. die Commerzbank, die ab 1958 ihren Sitz zunächst in Düsseldorf nahm, ehe sie ihre Hauptverwaltung im Jahr 1970 nach Frankfurt am Main verlegte.

---

152 Vgl. *Heinz-Dieter Quack* (Hrsg.), Die Neue Mitte Oberhausen, CentrO. Auswirkungen eines Urban Entertainment Centers auf städtische Versorgungs- und Freizeitstrukturen. (Materialien zur Fremdenverkehrsgeographie, 53) Trier 1999, S. 173.

Neben den sogenannten Großbanken finden sich in Nord-rhein-Westfalen zahlreiche traditionsreiche Privatbanken insbesondere an Handelsplätzen wie Köln, Düsseldorf, Essen, Wuppertal und Bielefeld. Dazu gehören namhafte Häuser wie Sal. Oppenheim jun. & Cie. KGaA (u. a. Köln), Trinkhaus und Burkhardt KGaA (Düsseldorf), Merck, Finck & Co. (u. a. Düsseldorf) oder die Lampe KG (Bielefeld), die sich auch als Finanziers der Rhein- und Ruhr-Industrie betätigten. Allerdings verringerte sich ihre Zahl nach dem Zweiten Weltkrieg allmählich durch die zunehmende Konzentrationsbewegung. Ein bekanntes Beispiel ist die Fusion eines der größten deutschen Privatbankhäuser C.G. Trinkhaus in Düsseldorf mit Burkhardt & Co. (Essen) im Jahr 1971/72.

Nach der Wiederherstellung der Banken-Infrastruktur arbeiteten allein am Bankenplatz Köln 1950 schon wieder 22 Kreditinstitute mit 47 Zweigstellen. 1960 waren mit 5000 Beschäftigten bereits doppelt so viele Menschen im Kölner Kreditgewerbe tätig als vor Ausbruch des Krieges. In den Folgejahren wurde Köln Schauplatz spektakulärer Schließungen wie z. B. der Herstatt-Bank 1973/74. Der „Herstatt-Skandal" der 1970er Jahre war ein Vorbote des Finanzmarktkapitalismus. Im Zuge einer zum damaligen Zeitpunkt beispiellosen Spekulationswelle stand Westdeutschlands zweitgrößte Privatbank am Ende mit 1,2 Milliarden DM „in der Kreide"; tausende Anleger verloren ihr Geld. Der Eigentümer, Iwan David Herstatt, wurde wegen betrügerischen Bankrotts „in besonders schwerem Fall" und wegen Untreue zu viereinhalb Jahren Haft verurteilt.

Anders als am traditionsreichen Finanzplatz Köln entwickelte sich in Düsseldorf erst ab Mitte des 19. Jahrhunderts ein leistungsfähiges Bankwesen, dessen Bedeutung durch den Aufschwung der Stadt zur Wirtschaftsmetropole des Rhein-Ruhr-Gebietes rapide zunahm. Bis heute rangiert die nordrhein-westfälische Landeshauptstadt als Banken- und Börsenplatz bundesweit nach Frankfurt am Main auf dem zweiten Rang.[153] Eine übergeordnete Stellung erlangte Düsseldorf nach Kriegsende, als mit der Landeszentralbank eine der regionalen Hauptverwaltungen der Deutschen Bundesbank hier ihren Sitz nahm. Heute zählt Düsseldorf mit 170 Instituten, darunter 50 ausländischen Niederlassungen, sowie mehr als 19.000 Beschäftigten zu den wichtigsten Bankenplätzen Deutschlands.[154] Als Standort der Deutschen Industriebank AG (IKB) sowie der WestLB geriet die Stadt allerdings auch in den Sog der Finanzmarkt- und Bankenkrisen des frühen 21. Jahrhunderts.

Der Finanzbereich besitzt eine nicht zu vernachlässigende Relevanz für die Finanzierungs- und, im Falle der Versicherungen, Absicherungsmöglichkeiten des produzierenden Gewerbes. Ein beispielhaftes Feld bilden hier seit jeher die regionalen Landesbanken. Ursprünglich als „Hülfskassen" zur Kreditversorgung von Industrie und Gewerbe gegründet, zählen ihre Nachfolgeinstitutionen noch heute zu den traditionellen Einrichtungen der Mittelstands- und Existenzförderung, der Kommunal- und Infrastrukturfinanzierung sowie der sozialen Wohnraumförderung.[155] Mit einer Bilanzsumme von 286,5 Mrd. Euro (2007) war die WestLB die größte

---

153 Vgl. u. a. *Hans-Walter Herrmann*, Wirtschaftsgeschichte der Stadt Köln 1914 bis 1970, in: Kellenbenz, Hermann (Hrsg.), Zwei Jahrtausende Kölner Wirtschaft. Band 2: Vom 18. Jahrhundert bis zur Gegenwart. Köln 1975, S. 359–473, hier S. 430–435; *Eckhard Wandel*, Banken und Versicherungen im 19. und 20. Jahrhundert. (Enzyklopädie deutscher Geschichte, 45) München 1998, S. 43 f.
154 Vgl. Beitrag „Banken", in: Düsseldorf Lexikon, Köln, erscheint 2012.
155 Vgl. *NRW.Bank/Achim Korres* (Hrsg.), NRW.BANK. 175 Jahre Förderung für Westfalen, Rheinland und Lippe. Düsseldorf u. a. 2007.

deutsche Landesbank und die zehntgrößte deutsche Bank. Sie ging 1969 aus einem Zusammenschluss der „Rheinischen Girozentrale und Provinzialbank" und der „Landesbank für Westfalen Girozentrale" hervor. Ihre Vorgängerorganisationen waren die beiden „Provinzial-Hülfskassen" in Westfalen und im Rheinland, 1832 bzw. 1834 gegründet. Seit dem Ende des Zweiten Weltkrieges fungierten die beiden Landesbanken durch die Vergabe langfristiger Darlehen als Motor des Wiederaufbaus der Kommunen (insbesondere der Infrastruktur) und des Wohnungswesens. Im Kielwasser der Gründung des Landes Nordrhein-Westfalen fusionierten sie schließlich 1968 zur „Westdeutschen Landesbank Girozentrale" – bekannt unter dem Kürzel „WestLB". Seither entwickelte sich die Bank zu einer internationalen Geschäftsbank. Veruntreuungen und Fehlspekulationen am Aktienmarkt brachten die WestLB und ihre führenden Vertreter wie Friedel Neuber und zuletzt Jürgen Sengera wiederholt in Verruf. Infolge der Weltfinanzkrise geriet die Bank in Schieflage, sodass sie 2009 unsichere Wertpapiere in eine sogenannte „Bad Bank" umschichten und von der öffentlichen Hand mit Milliardengarantien gestützt werden musste. Im Jahr 2011 beschlossen die Eigentümer mit Zustimmung der EU-Kommission die Zerschlagung der Einrichtung.

Die erwähnten Bankzentren Nordrhein-Westfalens erweisen sich vielfach auch als traditionelle Börsenplätze, etwa in Köln, Düsseldorf und Essen. Diese haben indessen ihre Bedeutung gegenüber dem zentralen Finanzplatz Frankfurt am Main zunehmend eingebüßt. Im Gegensatz zum Aktienhandel in Köln entwickelten sich die Handelsstandorte Düsseldorf und Essen zu Spezialmärkten für den Montansektor. So fungierte die Düsseldorfer Börse von 1853 zunächst als reine Warenbörse für regionale Güter wie z. B. Kohle, Koks, Eisen,

Bleche oder Draht. Die Essener Börse von 1880 hatte einen geringeren Umsatz, sodass beide Börsen zunehmend kooperierten. 1935 waren zudem die Aufgaben der Standorte Essen und Köln an die rheinisch-westfälische Börse zu Düsseldorf übertragen worden. Mit der Wiedereröffnung der Börsen nach Kriegsende und dem Verlust des Berliner Börsenstandortes nahm die Düsseldorfer Spezialbörse vorübergehend den umsatzstärksten Rang auf dem bundesdeutschen Börsenparkett ein, den sie erst in den 1980er Jahren an Frankfurt am Main abgab.[156]

Wie die Banken und Börsen gehört die Versicherungs- und Finanzbranche traditionell zu den „alten" Dienstleistungen, die seit der zweiten Hälfte des 20. Jahrhunderts von grundlegenden Veränderungen der Beschäftigungsformen im Prozess der Tertiarisierung betroffen waren. Dabei rangiert Nordrhein-Westfalen heute, gemessen an Umsatzzahl der Unternehmen und Beschäftigten, als der führende Standort für Versicherungsdienstleistungen, noch vor München und Hamburg.[157] Die Entwicklung zu privaten Versicherern nahm im 19. Jahrhundert in den Bereichen Transport-, Feuer- und Lebensversicherungen bei steigenden Sachwerten und Gefahrenquellen als Folge der Industrialisierung stetig zu. Zu den Pionieren der deutschen Versicherungswirtschaft zählte dabei u. a. der

---

156 Vgl. *Rainer Gömmel*, Entstehung und Entwicklung der Effektenbörse im 19. Jahrhundert bis 1914; *Bernd Rudolph*, Effekten- und Wertpapierbörsen, Finanztermin- und Devisenbörsen seit 1945, jeweils in: Pohl, Hans/Gömmel, Rainer (Hrsg.), Deutsche Börsengeschichte. Frankfurt/Main 1992, S. 133–207, S. 195 f. bzw. S. 291–375, hier S. 293.

157 Vgl. *Institut für Versicherungswirtschaft der Universität Köln*, Die Bedeutung der Versicherungswirtschaft in NRW, S. 1, URL: <http://www.versicherung.unikoeln.de/fileadmin/wiso_fak/versicherung/documents/m1_2010> [letzter Zugriff: 06.01.2012].

bereits genannte rheinische Kaufmann David Hansemann mit seiner „Aachener Feuer-Versicherungs-Gesellschaft". Und unter dem Eindruck des Hamburger Großbrandes von 1842 engagierten sich zunehmend auch die Kölner Bankhäuser in diesem neuen Anlagesegment („Kölnische Rückversicherungsgesellschaft" von 1852). Die enge Verbindung zwischen Versicherungen und Banken nahm hier ihren historischen Anfang.

Vor allem in Köln aber auch in Düsseldorf, Dortmund, Münster und Aachen finden sich bis heute wichtige Standorte der nordrhein-westfälischen Versicherungswirtschaft. Von den 143 aufsichtspflichtigen Versicherungsunternehmen des Landes befanden sich Anfang der 1950er Jahre 110 im Rheinland, davon allein 47 in Köln.[158] Seit dem Ende des Zweiten Weltkrieges dominierten dabei gemischtwirtschaftliche Versicherungskonzerne wie der Kölner Gerling-Konzern (heute HDI-Gerling) die Branche. Dabei profitierten insbesondere die Finanzstandorte Köln und Düsseldorf von der Ost-West-Wanderung nach dem Krieg. So kam beispielsweise 1946 die Gothaer Versicherung nach Köln, während die Victoria Versicherung (heute Ergo) ihren Hauptsitz von Berlin nach Düsseldorf verlegte. Hier hatte auch der Düsseldorfer Rechtsanwalt Heinrich Faßbender 1935 mit der Deutschen Auto-Rechtsschutz-AG (DARAG) eine zukunftsträchtige Versicherungssparte eröffnet, die als ARAG AG seit 1962 weitere Sparten inkorporierte. Als eines der weltweit führenden Unternehmen im Bereich Rechtsschutz wurde die Firma 2010 in das Lexikon der deutschen Weltmarktführer aufgenommen.[159]

---

158 Vgl. *Peter Borscheid*, Versicherungen, in: Faust, 1993 (wie Anm. 146), S. 447–449, hier S. 449; *Wandel*, 1998 (wie Anm. 153), S. 64 f.
159 Vgl. *Florian Langenscheidt/Ulrike Bauer* (Hrsg.), Lexikon der deutschen Weltmarktführer. Köln 2010, S. 65.

Nach dem kontinuierlichen Ausbau der Versicherungs-
branche ist seit den 1990er Jahren ein national wie international verlaufender Konzentrations- und Verflechtungspro-
zess erkennbar. Beispiele hierfür sind die 1997 entstandene
Ergo Versicherungsgruppe (als Zusammenschluss der Victoria
Versicherung, der DAS und der Hamburg-Mannheimer Versicherung) am ehemaligen Victoria-Standort Düsseldorf und
der AXA Konzern (ursprünglich „Kölnische Feuer-Versicherungs-Gesellschaft", genannt Colonia) in Köln. Doch fanden
derartige Entwicklungen nicht allein an der Rheinschiene
statt. Vielmehr war bereits um die Wende zum 20. Jahrhundert ein Viertel aller westfälischen Versicherungsbetriebe mit
etwa 500 Beschäftigten in Dortmund ansässig. In den 1950er
und 1960er Jahren stieg diese Zahl auf etwa 4000 und in den
1980er Jahren sogar auf über 5000 Beschäftigte. Die Nähe
Dortmunds zur Versicherungswirtschaft offenbart sich auch
aktuell bei einem Besuch des Heimstadions der Dortmunder
Borussia, das seit 2005 nach dem Hauptsponsor den Namen
Signal Iduna Park trägt.[160]

Die klassischen Dienstleistungsbereiche Transportwirt-
schaft und Verkehr reichen längst über den traditionellen
Güter- und Personenverkehr hinaus und umfassen z.B.
auch moderne Logistik-Cluster. Logistische Dienstleistungen gehören dabei zu den zentralen Wachstumsbranchen
Nordrhein-Westfalens und umfassten im Jahr 2009/10 mehr
als 20.000 Unternehmen mit rund 274.000 Beschäftigten
und einem Umsatz von rund 70 Mrd. Euro. Die Expansions-

---

160 Vgl. *Christian Kleinschmidt,* Das Ruhrgebiet konzentriert sich.
Eine Zeitreise durch die Wirtschafts- und Unternehmensgeschichte, in: Willamowski, Gerd/Nellen, Dieter/Bourrée, Manfred (Hrsg.),
Ruhrstadt. Die andere Metropole. Recklinghausen 2000, S. 212–231,
hier S. 230.

tendenzen fußen auf den netzwerkartigen Strukturen der *Supply Chains*, die Großkonzerne (u. a. Telekom, Deutsche Post, Bayer, ThyssenKrupp, BP, Lufthansa, Schenker, Ford) mit mittelständischen Zuliefer-Betrieben und einem Verbrauchermarkt von fast 150 Mio. Menschen in einem Radius von 500 km verbinden.[161]

Wie bereits in Kapitel 1 ausgeführt, kommt der Infrastruktur im Umfeld industrieller Entwicklung seit mehr als 100 Jahren eine zentrale Bedeutung zu. Hierzu zählen Straßen- und Eisenbahnanbindungen wie etwa die grenzüberschreitende Bahnverbindung des „Eisernen Rheins" (eröffnet 1879) zwischen Köln und Antwerpen. Mittlerweile investieren auch überregionale Verkehrsanbieter in den nordrhein-westfälischen Verkehrssektor: So fährt seit 2004 die ostdeutsche Gesellschaft „Prignitzer Eisenbahn" u. a. als „Westmünsterlandbahn" mehr als 100 km von Dortmund über Lünen und Gronau bis nach Enschede in den Niederlanden.

Zudem sind auch die bereits erwähnten Binnenschifffahrtsrouten als zentrale Strukturmerkmale des Landes nicht zu vernachlässigen: Der Neubeginn der Rheinschifffahrt hatte sich dabei nach Kriegsende angesichts zerstörter Brücken, Häfen und Flotten (40 Prozent der Frachtkapazität der Vorkriegszeit) wie auch der Nutzung des Rheins als internationalem Schifffahrtsweg zunächst durchaus problematisch gestaltet. Spätestens mit der wiedererlangten staatlichen Souveränität der Bundesrepublik Deutschland begann jedoch in den 1950er Jahren eine rasante Expansion der Rheinschifffahrt, die in der zweiten Hälfte der 1950er Jahre durch das amerikanische Vorbild einer leistungsfähi-

---

161 Vgl. *Logistikcluster NRW*, URL: <http://www.logit-club.de/logistikstandortnrw/zahlen-daten-fakten/> [letzter Zugriff: 21.11.2011].

gen Schubschifffahrt noch forciert wurde. Lastbehälter oder Lastkähne werden dabei im Verband von einem Motorschiff geschoben und ermöglichen so eine erheblich höhere Schiffstonnage.[162]

Wachsende Ladekapazitäten kennzeichnen seither den Transport- und Handelsweg Rhein. So haben sich die Schiffstonnagen in den letzten Jahrzehnten vervielfacht. Allein in Europas größtem Binnenhafen Duisburg wurden im Jahr 2008 120 Mio. t umgeschlagen,[163] im Vergleich zu Rotterdam, dem drittgrößten Hafen der Welt, mit 378,4 Mio. t eine beeindruckende Größe. Die Häfen Köln (13,2 Mio. t) und Neuss-Düsseldorf (4,5 Mio. t) spielen dagegen nur eine bescheidene Nebenrolle. Für die Binnenschifffahrt sollte sich die monoindustrielle Ausrichtung des Reviers als zukunftsfähig erweisen, denn „durch die industriehistorisch bedingte Notwendigkeit, Massengüter schnell und vor allem kostengünstig zu transportieren", konnte „sich im Ruhrgebiet das dichteste Hafen- und Kanalsystem Europas"[164] ausbilden. Dieses Netzwerk ließ sich auch über die schwerindustrielle Hochphase hinaus als zukunftsträchtiges Logistiksystem nutzen. Dies dokumentiert seit Ende der 1990er Jahre das Dienstleistungs- und Logistikzentrum Logport I und II in Duisburg-Rheinhausen, wo auf dem Areal des einstigen

---

162 Vgl. *Ursula Rombeck-Jaschinski*, Nach der großen Katastrophe. Die Zukunft des Rheins als internationale Verkehrsader von 1945 bis heute, in: Looz-Corswarem, Clemens von/Mölich, Georg (Hrsg.), Der Rhein als Verkehrsweg. Politik, Recht und Wirtschaft seit dem 18. Jahrhundert. (Schriftenreihe der Niederrhein-Akademie, 7) Bottrop 2007, S. 157–177, hier S. 129–164 und S. 172 f.

163 Vgl. *Duisburger Hafen AG Duisport*, URL: <http://www.duisport. de/?page_id=200> [letzter Zugriff: 21.11.2011].

164 *Rudolf Juchelka*, Verkehrs- und Logistikdrehscheibe, in: Prossek et al., 2009 (wie Anm. 143), S. 120–123, hier S. 122.

Krupp-Stahlwerks eine hochmoderne Logistikdrehscheibe entstand, die „trimodal" die Anbindung an den Fluss-, Bahn- und Straßenverkehr erlaubt.

Nach 1945 läutete der massive Ausbau der Luftfahrt den Anbruch eines neuen Verkehrszeitalters ein. Der außerordentliche Stellenwert ergibt sich dabei in Nordrhein-Westfalen sowohl aus den regional ansässigen Flug- als auch Flughafengesellschaften wie etwa der Deutschen Lufthansa AG. 1926 in Berlin als „Deutsche Luft Hansa AG" gegründet, trieb das Unternehmen seit den 1930er Jahren den Streckenausbau voran und steuerte dabei auch zentrale Flughäfen in den rheinisch-westfälischen Gebieten wie etwa Köln, Düsseldorf, Essen, Münster und Dortmund an. Die ökonomische Bedeutung des Sektors lag allerdings zunächst weniger im Passagier- als im Postfrachtbereich.

Mit Düsseldorf, Köln/Bonn und Münster/Osnabrück verfügt Nordrhein-Westfalen heute über drei internationale Flughäfen, die durch Regionalflughäfen in Essen, Paderborn, Dortmund, Siegen und Weeze flankiert werden. Gerade in Düsseldorf und Köln konzentrierte sich seit Beginn des 20. Jahrhunderts der Wettstreit um den Anschluss an den Luftverkehr, der gleichsam als Garant für „den Anschluß an die Moderne" galt, wie Peter Hüttenberger formuliert hat. Neben der Eisenbahn und dem Automobil stand das Flugzeug für die Eroberung der „dritten Dimension". So entstanden in beiden Städten zu Beginn des 20. Jahrhunderts, zunächst vor allem für militärische Zwecke, Luftverkehrsplätze, die sukzessive erweitert wurden. Nach dem Zweiten Weltkrieg begann mit der 1953 neu gegründeten Kölner Aktiengesellschaft für Luftverkehrsbedarf (Luftag), die ein Jahr später den Traditionsnamen Lufthansa übernahm, der Aufbau des zivilen Luftverkehrs im westdeutschen Luftraum.

Dabei verband das Land Nordrhein-Westfalen mit seinem Engagement für den Luftverkehrsstandort Köln vor allem die Hoffnung auf Ansiedelung einer zukunftsträchtigen Flugzeugindustrie. Und obgleich sich die ursprünglich in die Flugzeugtechnik gesetzten industriepolitischen Hoffnungen nicht erfüllten, nahm seit Aufnahme des Verkehrsbetriebes 1957 die Bedeutung des Flughafens Köln/Bonn als Drehkreuz im Westen, nicht zuletzt mit tatkräftiger Unterstützung des damals amtierenden Bundeskanzlers Konrad Adenauer stetig zu.[165]

Während in Köln/Bonn seit den späten 1950er Jahren der Frachtverkehr aufgrund der hier gegebenen, jedoch zunehmend umstrittenen Nachtflugmöglichkeiten eine besondere Rolle spielt, kann der Rhein-Ruhr-Flughafen Düsseldorf mit steigenden Passagierzahlen aufwarten. Diesen Trumpf konnte die Landeshauptstadt durch ihre „relative Nähe zum Ruhrgebiet" beim Ausbau zum internationalen Flughafen ausspielen. Seit einigen Jahren steigen in Düsseldorf wie in Köln/Bonn die Umschlagzahlen im Personenbereich durch das wachsende Angebot von „Billigflug-Gesellschaften". Hinzu kommen seit Kurzem ehemalige Militärflugbasen wie Weeze und Münster, die gleichfalls für den zivilen Luftverkehr ausgestattet werden. Insgesamt werden die Transport- und Verkehrsbetriebe (im weitesten Sinne u. a. auch Speditionen oder Umschlagplätze) als unmittelbare Arbeitgeber wie auch als eng verknüpfte Dienstleister für die regionale Wirtschaft im Herzen Europas auch in Zukunft von großer Bedeutung sein. Dies dokumentiert der Standort Düsseldorf, der die Kop-

---

165 Vgl. *Georg Reul*, Planung und Gründung der Deutschen Lufthansa AG. 1949 bis 1955. (Reihe: Wirtschafts- und Rechtsgeschichte, 28) Köln 1995.

pelungswirkung von Flughafen und Messen im Hinblick auf die Anziehungskraft auf japanische Unternehmen frühzeitig unter Beweis stellte.[166]

Zwar liegen die Schwerpunkte der nordrhein-westfälischen Dienstleistungswirtschaft bis heute in traditionellen Bereichen wie Handel, Transport und Verkehr oder der Telekommunikation, doch finden sich gerade hier wichtige Impulse für Veränderungen. So lieferte die Telekommunikation technische Voraussetzungen für die Entwicklung neuer Serviceangebote. Deshalb wird der Anbruch des digitalen Zeitalters an der Wende des 21. Jahrhunderts häufig mit der Chiffre der *New Economy* überschrieben und seit den 1990er Jahren insbesondere auch mit der „*dotcom*-Bewegung" (Internetwirtschaft) in Verbindung gebracht. Die Entwicklung zur sogenannten „Informationsgesellschaft" (D. Bell)[167], also der wachsende Bedeutung von Informationsgewinn, -verwaltung und -vermittlung sowie die Entwicklung von neuartigen Informationstechnologien spielt auch für die nordrhein-westfälische Wirtschaft eine nicht zu unterschätzende Rolle.

In die Kommunikationsbranche, maßgeblich vertreten durch Post und Telekommunikation, kam insbesondere im Zuge staatlicher Deregulierungsmaßnahmen seit den 1990er Jahren Bewegung. Kein Beispiel vermag dies besser zu unterstreichen als das der „Deutschen Bundespost", die mit der Postreform seit den ausgehenden 1980er Jahren vom Staats-

---

166 Vgl. *Susanne Hilger*, "Höher, schneller, weiter". Köln und Düsseldorf im Wettlauf um Messe und Flughafen, in: Fimpeler, Annette (Hrsg.), Düsseldorf Köln. Eine gepflegte Rivalität. Köln 2012, S. 171–189.

167 Vgl. *Daniel Bell*, Die nachindustrielle Gesellschaft. Frankfurt/M. 1975.

126

unternehmen zu einem privatwirtschaftlich organisierten, weltweit agierenden Logistikdienstleister mit den Geschäftsbereichen Postdienst, Postbank und Telekommunikationsdienste aufgeteilt und schließlich in drei privatrechtliche Aktiengesellschaften umgewandelt wurde. Mit der Privatisierung der Kommunikationsmärkte entstanden in dem Segment der Post- und Paketzustellung neue, konkurrierende Unternehmen wie PIN oder TNT (ursprünglich *Thomas Nationwide Transport*), die einen Verdrängungswettbewerb im Briefmarkt einläuteten und die in Nordrhein-Westfalen einen Schwerpunkt haben.

Die Expansion der Kommunikationsdienstleistungen spiegelte sich auch in der Liberalisierung der Telekommunikationssparte wider. Die Deutsche Telekom wurde dazu als eigenständiges Unternehmen mit Sitz in Bonn aus der Deutschen Bundespost ausgegliedert. Die Dynamik der Branche ist zudem eng mit den Entwicklungen im technischen Bereich verbunden. Die Verbreitung des heute allgegenwärtigen Telefons entwickelte sich insbesondere im Umfeld des konjunkturellen Aufschwungs der 1950er Jahre, wobei die Anschlüsse überwiegend in Wirtschaft und Verwaltung zu finden waren. Selbst Ende der 1970er Jahre war „das Telefon noch immer vor allem ein Dienst- und noch nicht ein Privatapparat".[168] Technische Verbesserungen durch schnellere und preisgünstigere Verbindungen, insbesondere auch im Bereich der Satellitentechnik, führten zur Erschließung neuer Märkte des Internets durch die sogenannte *New Economy*. Auch hier gilt, dass von einer trennscharfen Differenzierung zwischen sekundärem und ter-

---

168 *Horst A. Wessel*, Das Telefon – ein Stück Allgegenwart, in: Münker, Stefan/Roesler, Alexander (Hrsg.), Telefonbuch. Beiträge zu einer Kulturgeschichte des Telefons. Frankfurt/Main 2000, S. 13–34, hier S. 25.

tiärem Sektor nicht die Rede sein kann. Denn über die reine Telefonie hinaus eröffneten sich im Dienstleistungssektor neuartige Informations- und Kommunikationsfelder, die zugleich die Elektrotechnik tangierten. Dies unterstreicht die rasante Entwicklung der Mobilfunk-Sparte. Ihre Geschichte begann bereits 1958 mit dem ersten flächendeckenden „A-Netz", dem 1972 das „B-" und 1983 das „C-Netz" folgte. Allerdings blieb dieser Bereich bis in die 1990er Jahre ein Exklusivgeschäft vor allem für Akteure aus der Wirtschaft. Erst in den 1990er Jahren erhielt die Branche mit dem Aufbau der „D-Netze" einen Entwicklungsschub, den die Presse als „märchenhaft"[169] bezeichnete.

Der private Mobilfunkmarkt nahm in Düsseldorf seinen Anfang, wo sich ausgerechnet die alteingesessene Röhrenfirma Mannesmann mit ihrem Telekommunikationsnetz „D2" 1989/90 als Pionier betätigte und damit einmal mehr unter Beweis stellte, dass auch Unternehmen der „alten Industrien" in Nordrhein-Westfalen keine Berührungsängste gegenüber neuen Technologien hegten. Die traditionell in der Stahlbranche angesiedelte Düsseldorfer Mannesmann AG verlagerte während der 1990er Jahre ihre Geschäftsfelder von einem Industrie- zu einem hochgradig diversifizierten Technologiekonzern. Die Tochtergesellschaft Mannesmann Mobilfunk GmbH, die 1990 in Düsseldorf ihre Tätigkeit aufnahm, fand als neue Netzbetreiberin ihren Kundenstamm zuerst in der Ballungsregion Rhein-Ruhr. Die Entwicklung auf dem Mobilfunkmarkt übertraf letztendlich alle Erwartungen

---

169 *Horst A. Wessel*, Die Verbreitung des Telephons bis zur Gegenwart, in: Teuteberg, Hans Jürgen/Neutsch, Cornelius (Hrsg.), Vom Flügeltelegraphen zum Internet. Geschichte der modernen Telekommunikation. (Vierteljahrschrift für Sozial- und Wirtschaftsgeschichte, Beiheft 147) Stuttgart 1998, S. 67–112, hier S. 107.

und erschloss damit dem Industrie- und Dienstleistungssektor gleichermaßen neue Betätigungsfelder.[170]

Die Neuorientierung des traditionellen Montanunternehmens Mannesmann war Ausdruck eines wirtschaftlichen wie unternehmerischen Strukturwandels, der Begehrlichkeiten weckte. Für den Mannesmann-Konzern sollte er verhängnisvolle Folgen haben. Denn nachdem im Jahr 2000 die Aktienmehrheit des deutschen Traditionsunternehmens von der britischen Telekommunikationsgesellschaft Vodafone übernommen und die Telekommunikationssparte in die Vodafone Group eingegliedert worden war, bedeutete dies für die verbleibenden Geschäftsfelder von Mannesmann das Aus. Dabei hatte der Konzern eigentlich ein gutes Gespür bewiesen. Denn das neue Kommunikationsmedium erwies sich als massentauglich. Die Verbreitung von Mobilfunkgeräten revolutionierte nicht nur die Kommunikations- und Arbeitswelt, sondern hatte auch einen massiven Ausbau neuer Berufsfelder zur Folge. Am Standort Düsseldorf konzentriert sich im Sog des Marktpioniers mittlerweile die nordrhein-westfälische Mobilfunkbranche. Mittlerweile betreiben „[v]on den über 40 Netzanbietern in Düsseldorf […] mehr als 20 eigene Netze sowohl im Mobilfunk- als auch im Festnetzbereich"[171], die durch die Ansiedlung von Zulieferern, internationalen An-

---

170 Vgl. Mannesmann-Archiv, Überblick über die Mannesmann-Geschichte, URL: <http://geschichte.salzgitter-ag.de/de/MDB/Mannesmann_Geschichte.pdf> [letzter Zugriff: 21.11.2011]; *Günter Burkart*, Handymania. Wie das Mobiltelefon unser Leben verändert hat. Frankfurt/Main 2007, S.29f. und S.40–42; *Susanne Päch*, Die D2-Story. Mobilkommunikation. Aufbruch in den Wettbewerb. Düsseldorf 1994.
171 Internationales Wirtschaftszentrum – Information & Kommunikation, PR und Mode, In: *Christian Kirk* (Hrsg.), Wirtschaftsstandort Nordrhein-Westfalen. Chancen und Perspektiven eines Landes. Darmstadt 2008, S.58–63, hier S.58.

bietern und neuen Konkurrenten (z. B. 1993 durch E-Plus) komplettiert werden.

Die Telekommunikationsbranche gehörte zu den beschäftigungsintensivsten Wachstumsbranchen der vergangenen Jahrzehnte. So waren 2009 rund 25.000 (sozialversicherungspflichtig) Beschäftigte in Nordrhein-Westfalen allein im Bereich der Telekommunikation tätig. Und noch beeindruckender zeigen sich die Umsatzzahlen. So liegt der jährliche Umsatz der nordrhein-westfälischen Telekommunikationsbranche bei rund 50 Mrd. Euro.[172] Nach aktuellen Angaben werden so „[a]nnähernd 90 Prozent des Mobilfunkmarktes in Deutschland [...] von Unternehmen abgedeckt, die in Nordrhein-Westfalen ihren Sitz haben".[173] Trotz der atemberaubenden Dynamik blieb die Branche jedoch gerade in Nordrhein-Westfalen nicht vor Rückschlägen gefeit. Die Schließung der Produktionsstandorte von Siemens-BenQ in Bocholt und Kamp-Lintfort 2006 und von Nokia in Bochum zwei Jahre später beschwor auch in diesem neuen Markt sattsam bekannte Schreckensszenarien von Massenentlassungen herauf, als mehrere Tausend Arbeitsplätze auf einen Schlag ins Ausland verlagert bzw. gestrichen wurden.

Darüber hinaus wachsen in allen genannten Bereichen die Dienstleistungen für Unternehmen (produktionsbezogene Dienstleistungen) kontinuierlich an. Sie reichen von der

---

172 Vgl. *Ministerin für Bundesangelegenheiten, Europa und Medien des Landes Nordrhein-Westfalen*, URL: <http://www.mbem.nrw. de/unsere-themen-von-a-z/informations-kommunikationswirtsc-50.html> [letzter Zugriff: 11.01.2012].

173 *Minister für Bundesangelegenheiten, Europa und Medien des Landes Nordrhein-Westfalen* (Hrsg.): Im Blickpunkt: Medienland NRW 2010, Stand Juni 2010, S. 4, URL: <http://www.media.nrw.de/ imblickpunkt/themen/medienland2010/index.php> [letzter Zugriff: 26.08.2010].

Netzwerkbetreuung bis zur Entwicklung und Wartung hochkomplexer IT-gestützter Prozesssteuerungen, die häufig ausgelagert werden, über Logistik, Reinigung und Instandhaltung bis hin zur Einrichtung externer Call Center und umfassendem technischen *Support* (computergesteuerter) industrieller Fertigungs- und Verwaltungsprozesse durch externe Dienstleister. So konnte die Branche ihre Beschäftigtenzahlen landesweit allein zwischen 1999 und 2004 um mehr als 20 Prozent steigern.[174]

Als Standort für Agenturen für Kommunikation, Werbung, Unternehmensberatung und Wirtschaftsprüfung wie auch für Verbände und Interessengruppen genießt insbesondere Düsseldorf einen guten Ruf. Die traditionell gute Anbindung an das benachbarte Ballungsgebiet Rhein-Ruhr, die günstige Verkehrsanbindung und nicht zuletzt auch die Attraktivität der Stadt hatten Düsseldorf schon früh zu einem Handels- und Geschäftszentrum auch der Ruhrindustrie avancieren lassen. Auch heute noch ist der tertiäre Sektor mit einem Erwerbstätigenanteil von fast 85 Prozent hier am stärksten vertreten. Seit den 1960er Jahren wählten internationale Firmen wie McKinsey, BBDO, Ogilvy & Mather, Boston Consulting, Grey oder Ernst & Young den Hauptsitz ihrer deutschen Niederlassung in Düsseldorf. Hier zeigt sich eine besondere Stärke der nordrhein-westfälischen Wirtschaft in einem zukunftsträchtigen Bereich. Mit fast 600 Consulting-Unternehmen weist die Stadt die höchste Dichte an Beratungsfirmen in der Bundesrepublik auf. Mit seiner Lage als „Spinne im Netz Rhein-Ruhr" ist Düsseldorf „Deutschlands Beraterstadt Nummer 1".[175]

---

174 Vgl. *Lessing,* 2006 (wie Anm. 140), S. 10.
175 *Uwe Reimann,* „Gut beraten", in: IHK Magazin für Düsseldorf und
    den Kreis Mettmann, 5/2008, S. 26–30.

Auch aus den Bereichen Medien, Kommunikation und Information ist der Computer nicht mehr wegzudenken. Durch die enge Verzahnung von Technik und Dienstleistung stellt die Bereitstellung entsprechender Technologien einen zentralen Wirtschaftsfaktor dar. Im Rahmen strukturpolitischer Initiativen entwickelte sich in Nordrhein-Westfalen der ehemalige Stahlstandort Dortmund zu einem Zentrum im Hightech- und Dienstleistungsbereich. Durch eine direkte Anbindung an die TU Dortmund ist hier ein IT-Cluster entstanden, das sich auf ein 1985 auf dem Uni-Campus gegründetes Technologiezentrum stützt. Im Kielwasser der Strukturpolitik des Landes wurden im Dortmunder Raum mehr als 17.000 Arbeitsplätze in der Software- und Kommunikationssparte geschaffen.[176]

Wie das Beispiel Dortmund veranschaulicht, generieren sich qualifizierte Arbeitsplätze im Dienstleistungssegment durch eine Kombination von privatwirtschaftlicher Initiative und öffentlichen Forschungs- und Bildungsimpulsen. Ein derartiges Know how findet sich zunehmend in sogenannten „Clustern" gebündelt und wissenschaftlich unterstützt durch Forschungsinstitute und Universitäten. Neben den Traditionsstandorten Köln, Bonn, Aachen und Münster wurde 1962 als erste Nachkriegshochschule die Ruhr-Universität in Bochum gegründet, der die Universität Düsseldorf (1965), Technische Universität Dortmund (1968), die Gesamthochschulen in Essen (1972), Duisburg (1972), Wuppertal (1972), Bielefeld (1969), Paderborn (1972) und Siegen (1972) sowie die Fernuni Hagen (1974) folgten. Zuletzt kam 1982 die private

---

176 Vgl. *Minister für Bundesangelegenheiten, Europa und Medien des Landes Nordrhein-Westfalen* (wie Anm. 173), S.5; *Kleinschmidt*, 2000 (wie Anm. 160), S.230.

Universität Witten-Herdecke hinzu. Mit der 2003 erfolgten Fusion der Standorte Essen und Duisburg verband die Landesregierung die Hoffnung, Kosten zu sparen und Kompetenzen zu bündeln.

Außerhalb der Universitäten agieren mittlerweile Gründer- und Technologiezentren und Beratungseinrichtungen, die als Agenturen gezielt regionale verbundspezifische Technologieförderung betreiben. Dabei geht es darum, regionale Akteure aus Unternehmen, Politik, Verwaltung, Gewerkschaften und Verbänden gezielt miteinander zu vernetzen, um Innovationspotenziale in zukunftsfähige Kompetenzfelder wie Informations- und Kommunikationstechnologien, Logistik, Mikrostrukturtechnik, Mikroelektronik, neue Werkstoffe, Medizintechnik, Gesundheitswirtschaft, Design, Wasser und Abwassertechnik, Maschinenbau, neue Energietechniken, Bergbautechnik und neue Chemie freizusetzen.

Mit mehr als 20 Standorten an Hochschulen und außeruniversitären Forschungseinrichtungen, die sich mit Energie befassen, beherbergt Nordrhein-Westfalen beispielsweise ein starkes Cluster zur Energieforschung. Zentren wie das Forschungszentrum Jülich, das Deutsche Zentrum für Luft- und Raumfahrt in Köln, das Zentrum für Brennstoffzellen-Technik in Duisburg oder das Max-Planck-Institut für Kohlenforschung in Mülheim betreiben international renommierte Spitzenforschung und bieten innovativen Unternehmen ein adäquates Umfeld.

Allerdings hinkt Nordrhein-Westfalen der Entwicklung in den südlichen Bundesländern auch in diesem Falle hinterher. Während dort frühzeitig Kapital in „neue" Industrien investiert wurde, subventionierte man hier mit der Montanindustrie zu lange die Vergangenheit. Auffällig sind zudem die im Vergleich geringeren Ausgaben für Forschung und Entwicklung im bevölkerungsreichsten Bundesland. Lediglich 1,14 Prozent des Bruttoinlandsproduktes gab die Wirtschaft hierfür im Jahr 2007 aus, während in Baden-Württemberg dreimal so viel aufgewandt wurde.[177]

Die Medienwirtschaft gilt als Symbol für die Informationsgesellschaft. Und sie erscheint als ein Aushängeschild des Strukturwandels, seit sich das Bundesland Nordrhein-Westfalen auf Initiative der Ministerpräsidenten Johannes Rau (1978–1998) und Wolfgang Clement (1998–2002) zum „Medienland" wandelte. Dies darf nicht darüber hinwegtäuschen, dass die beiden Landesteile bereits seit den 1920er Jahren als Wegbereiter der Rundfunktechnik wirkten. So wurde 1924 in Münster die „Westdeutsche Funkstunde AG" (WEFAG) gegründet, die im selben Jahr auf Sendung ging und 1926 mit dem Umzug nach Köln in „Westdeutsche Rundfunk AG" (WERAG) umbenannt wurde. Hier konnte sich Mitte der 1950er Jahre der Hauptsendestandort des WDR etablieren.[178]

Einige Rheinkilometer abwärts, in Düsseldorf, fand 1950 bereits die erste deutsche Funkausstellung der Nachkriegszeit statt. Damit beherbergte die Landeshauptstadt Nordrhein-Westfalens, zumindest vorübergehend, eine der weltweit wichtigsten Industriemessen. Traditionen wie diese mögen ebenso wie das strukturpolitische Interesse an Zukunftstechnologien den Ausschlag gegeben haben, als der damalige Ministerpräsident Clement Ende der 1990er Jahre analog zur Verbreitung neuer Massenmedien wie des Privatfernsehens

---

177 Vgl. *Dorit Heß*, „Zu lange in die Vergangenheit investiert", in: Handelsblatt, 07.05.2010, online verfügbar, URL: <http://www.handelsblatt.com/politik/deutschland/zu-lange-in-die-vergangenheit-investiert/3430694.html?p3430694=all> [letzter Zugriff: 31.10.2011].
178 Vgl. *Klaus Katz*, Am Puls der Zeit. 50 Jahre WDR. Köln 2006.

und des Internet die Forderung erhob, den Medienstandort NRW (insbesondere gegenüber dem Konkurrenzstandort München) zu stärken. Als gelernter Journalist hatte sich Clement bereits in den 1980er Jahren für die Anwerbung von Medienfirmen eingesetzt. Und angesichts der Ausbreitung des Massenmediums Film und Fernsehen sollte die nordrhein-westfälische Medienbranche an dieser Entwicklung partizipieren, wenn nicht sogar zum „Motor des Strukturwandels" werden.

Von der Einführung des kommerziellen Privatfernsehens hat dabei z. B. die Domstadt Köln profitiert, wo mit dem Marktführer RTL/SuperRTL/n-tv sowie Onyx und Vox fünf der überregionalen Privatsender ihre Zentralen errichteten. Diese Standortentscheidung hat nicht nur die staatliche Strukturpolitik, sondern auch die Anwesenheit des WDR begünstigt. Der Medienstandort Köln boomte zunächst vor allem im „Speckgürtel" der westlichen Außenbezirke. Der MediaPark auf dem alten, stadtnah gelegenen Kölner Güterbahnhof Gereon bietet rd. 250 Film-, Fernseh- und Videoproduktionsfirmen und einer Vielzahl von Zulieferunternehmen, darunter Werbefilmern, Ateliers aller Art und Synchronisationsstudios, Musikverlagen und Tonstudios, eine Heimat. Neben der Bereitstellung einer entsprechenden Infrastruktur trug auch die Errichtung von Bürogebäuden und Bildungseinrichtungen (z. B. die Bertelsmann Medienakademie, RTL-Journalistenschule) zur Steigerung der Attraktivität des Standortes und zur Verstärkung des Kölner Film- und Medien-Clusters bei.

Die regionale Filmförderung, die Anfang der 1990er Jahre von Johannes Rau und dem WDR-Intendanten Friedrich Nowottny ins Leben gerufen wurde, diente ebenfalls der Stärkung dieser Strukturen. Das erklärte Ziel der in Düsseldorf beheimateten „Filmstiftung NRW" war und ist es, mit „guten Filmen Arbeit zu schaffen".[179] Dazu beitragen soll der sogenannte NRW-Effekt, der die Produzenten verpflichtet, anteilig auf nordrhein-westfälischem Boden zu drehen. Für jeden Euro Förderung müssen 1,50 Euro in Nordrhein-Westfalen investiert werden. Mit einem Budget von rund 33 Millionen Euro (2011) ist die Filmstiftung Nordrhein-Westfalen heute die größte regionale Filmförderung Deutschlands. Seit ihrer Gründung förderte sie 1524 Filmprojekte mit rund 500 Millionen Euro.[180] Darunter finden sich Kinofilme ebenso wie Low-Budget- und Kurzfilme. Dabei errang die Arbeit der Filmstiftung bereits internationale Anerkennung. So erhielt die Komödie „Schtonk" von Helmut Dietl 1992 die erste Oscar-Nominierung, der acht weitere folgten.

Auch wenn sich die mit der neuen Medienpolitik des Landes Nordrhein-Westfalen verbundenen Hoffnungen auf zusätzliche Arbeitsplätze nicht zur Gänze erfüllten, so ist die von den Initiativen ausgehende Belebung der Standorte nicht zu leugnen. Auf dem hart umkämpften deutschen Medienmarkt führt seither Nordrhein-Westfalen vor Hamburg, Bayern und Berlin. Im Jahr 2009 waren knapp 67.000 Medienunternehmen mit mehr als 370.000 fest angestellten Beschäftigten in Nordrhein-Westfalen ansässig. Etwa ein Drittel der in der Bundesrepublik Deutschland produzierten Sendeminuten entstand in den vergangenen Jahren in Nordrhein-Westfalen. 2008 waren dies sogar „[...] ungefähr so viele

---

179 *NRW.GermanFilmFinanance.com*, URL: <http://nrw.germanfilmfinance.com/www/site/pages/deutsch/ueber-nrw.germanfilmfinance.html> [letzter Zugriff: 06.01.2012].

180 Vgl. „NRW – ein Filmland im Wandel", URL: <http://www.mebucom.de/news/events/NRW-%E2%80%93-ein-Filmland-im-Wandel-2441> [letzter Zugriff: 06.01.2012].

Fernsehminuten (137.200) [...] wie in den drei nachfolgenden Ländern Bayern (54.600), Hamburg (44.600) und Berlin (40.100) zusammen".[181]

Hinzu kommt die starke Printmedientradition im Rheinland und in Westfalen, die sich bis heute in einer vielfältigen Zeitungs- und Verlagslandschaft äußert. So erschienen in Nordrhein-Westfalen bereits 1950 wieder 80 Zeitungen. Der Phase des Wiederaufbaus folgte Mitte der 1970er Jahre ein Konzentrationsprozess, aus der die Zeitungsgruppe WAZ (1975, Westdeutsche Allgemeine Zeitung seit 1948) hervorging. Die heute in unterschiedlichen Medienbereichen (Beteiligung an lokalen Radios, Onlinemarkt, Multimedia-Dienstleistungen, Postzustelldienst) aufgestellte Gruppe, von der ein starker Verdrängungswettbewerb ausgeht, baut ihre marktbeherrschende Stellung weiter aus. Darüber hinaus zeigen sich weitere regionale Tageszeitungen der nordrhein-westfälischen Zeitungslandschaft wie die Rheinische Post (Düsseldorf), die Westdeutsche Zeitung (Düsseldorf), der Kölner Stadt-Anzeiger, der Bonner General-Anzeiger oder die Neue Westfälische (Bielefeld) dem technologischen Wandel und der Konkurrenz der Online-Dienste gewachsen. Viele Zeitungshäuser entwickelten sich in den vergangenen Jahrzehnten zu modernen Medienverlagen, die ihr Angebot auf den wachsenden Onlinemarkt ausgeweitet haben.[182]

Zudem komplettieren Spezialpresseanbieter wie die in Köln, Bonn und Düsseldorf ansässige Wirtschafts- und Han-

---

181 *Minister für Bundesangelegenheiten, Europa und Medien des Landes Nordrhein-Westfalen* (wie Anm. 173), S. 3.
182 Vgl. *Minister für Bundesangelegenheiten, Europa und Medien des Landes Nordrhein-Westfalen* (wie Anm. 173), S. 4; *Reimar Bage,* Medien im Strukturwandel und politische Steuerung, in: Goch, 2004 (wie Anm. 10), S. 319–327, hier S. 321; *Kurt Koszyk,* Presse, in: Faust, 1993 (wie Anm. 146), S. 316–321, hier S. 320 f.

delspresse das Bild. Neben den bundesweit erscheinenden Wirtschaftsblättern Handelsblatt, Wirtschaftswoche (beide Verlagsgruppe Handelsblatt, Düsseldorf), Capital, Impulse und DM ist hier auf berufs- und branchenspezifische Fachorgane wie z. B. den Düsseldorfer VDI-Verlag mit seinen wöchentlichen erscheinenden VDI-Nachrichten hinzuweisen. Zudem sind in Nordrhein-Westfalen mehr als 400 Fachverlage mit jährlich mehr als 10.000 Titeln vertreten. Damit gehört das Bundesland zu den führenden Standorten des Verlagswesens. 1995 befanden sich 21 der 100 größten Verlage Deutschlands in Nordrhein-Westfalen. Die traditionell wichtigsten Standorte finden sich nach wie vor in Köln und Düsseldorf, Bergisch Gladbach und Bonn, obwohl auch hier ein anhaltender Konzentrationsprozess für Veränderungen sorgt. Zahlreiche renommierte Häuser und Unternehmen wie DuMont, Greven oder die Bauer Media Group sind in Köln tätig.

Dagegen fällt der in Gütersloh beheimatete Medienkonzern Bertelsmann längst nicht mehr unter die nordrhein-westfälischen Verlagsunternehmen, weil die Sparte Buchverlage inzwischen nach München und Wiesbaden gewechselt ist und Gruner und Jahr und Random House in Hamburg und New York agieren. Allerdings steht der Aufstieg des Bertelsmann-Konzerns, als Verlagshaus 1835 in Gütersloh gegründet und 1971 in eine Aktiengesellschaft umgewandelt, für eine nordrhein-westfälische Erfolgsgeschichte. Nach dem Zweiten Weltkrieg sammelte das Verlagshaus erste Erfolge mit dem „Bertelsmann Lesering" (heute: „Der Club Bertelsmann"). In den darauffolgenden Jahrzehnten erfolgte schrittweise die strategische Erweiterung des Mediengeschäfts insbesondere durch die Bearbeitung zukunftsträchtiger Bereiche wie dem privaten Fernsehen (RTL), während sich das Musikgeschäft

(Sony-BMG, 2004–2008) ebenso wie der neue Onlinemarkt (AOL, 1995–1998) als Misserfolg erwiesen.[183]

Insgesamt hat sich Nordrhein-Westfalen, nicht zuletzt durch strukturpolitische Initiativen der Landesregierung, seit den 1990er Jahren zu einem exponierten Medienstandort entwickelt. Das Land gilt mit 373.000 Arbeitsplätzen, 67.000 Unternehmen und 112 Milliarden Euro Umsatz (2011) als einer der führenden Medienstandorte Europas.[184]

Im Hinblick auf den wirtschaftlichen Strukturwandel lässt sich indessen festhalten, dass eine klare Abgrenzung zwischen Industrie- und Dienstleistungsgesellschaft, so wie sie Jean Fourastié einst vorschwebte, für die nordrhein-westfälische Wirtschaft nicht eingetreten ist. In dem traditionsreichen Industrieland nehmen Verflechtungen zwischen Industrie, Gewerbe und Dienstleistungen nach wie vor einen hohen Stellenwert ein und begründen neue individuelle Kompetenzfelder, die als industrienahe Dienstleistungen häufig einen Schnittstellencharakter aufweisen. Zwar fungiert der Dienstleistungssektor, sowohl im Bereich der Beschäftigung als auch bei der Wertschöpfung, mittlerweile als stärkster Wirtschaftsbereich in Nordrhein-Westfalen. Doch nimmt das produzierende Gewerbe auch weiterhin eine nicht zu unterschätzende Bedeutung im Land ein.

Indessen kann Nordrhein-Westfalen mit Blick auf die erwirtschaftete Bruttowertschöpfung am Ende des 20. Jahrhun-

---

183 Vgl. Geschichte von Bertelsmann nach eigener Darstellung im Überblick, URL: <http://www.bertelsmann.com/bertelsmann_corp/wms41/customers/bmcorp/pdf/Chronik_DE_0110.pdf> [letzter Zugriff: 27.08.2010] sowie zuletzt 175 Jahre Bertelsmann. Eine Zukunftsgeschichte, Gütersloh 2011.
184 Vgl. „NRW – ein Filmland im Wandel", URL: <http://www.mebu-com.de/news/events/NRW-%E2%80%93-ein-Filmland-im-Wandel-2441> [letzter Zugriff: 06.01.2012].

derts nicht länger beanspruchen, das industrielle Herz der Bundesrepublik zu sein. 2005 hatte Baden-Württemberg mit annähernd 32 Prozent den höchsten Industrieanteil, gefolgt vom Saarland, Rheinland-Pfalz und Bayern.[185] Insgesamt aber zeigt die Betrachtung der zehn führenden Wirtschaftszweige für Nordrhein-Westfalen, dass es im Spitzenbereich in den letzten drei Jahrzehnten kaum zu Veränderungen gekommen ist. So konnten nahezu alle umsatzstarken Branchen ihre Plätze verteidigen. Dazu gehören die Chemische Industrie, der Maschinenbau sowie die Metallerzeugung und -verarbeitung. Insbesondere innovative Produktionszweige wie die Chemieindustrie, die Informationstechnologien oder die Medizintechnik nahmen seither eine maßgebliche Rolle ein. Zugleich gewannen Serviceleistungen an Bedeutung. Daher charakterisiert der Terminus der „industriellen Dienstleistungsgesellschaft" treffend die Wirtschaft Nordrhein-Westfalens, in der viele Regionen weiterhin gewerblich geprägt sind und Produktion und produktionsnahe Dienstleistung häufig fruchtbare Symbiosen eingehen. „Branchenmix" statt „Monokultur", darin sollte auch in Zukunft die Stärke der nordrhein-westfälischen Wirtschaft liegen.

---

185 Vgl. *Frank Thalheimer*, Bruttoinlandsprodukt, Bruttowertschöpfung und andere gesamtwirtschaftliche Indikatoren, in: Statistisches Landesamt Baden-Württemberg (Hrsg.), Statistisches Monatsheft Baden-Württemberg Nr. 10 2005, Stuttgart 2005, S. 32 f.

Kapitel 5
„Modell NRW" – Wie sich Umweltschutz mit industriellem Wachstum vereinbaren lässt

Mit seinen vielfältigen Impulsen besitzt der Umweltsektor mittlerweile eine kaum noch zu übersehende Funktion für das Wachstum der nordrheinwestfälischen Wirtschaft. Allerdings war es ein weiter Weg, bis Wirtschaft und Ökologie einen gemeinsamen Nenner fanden, denn in den sich industrialisierenden Volkswirtschaften des 19. wie auch des 20. Jahrhunderts schienen Wirtschaftswachstum und der Schutz von Umweltinteressen angesichts der Kosten für Entwicklung, Emissionsschutz und Materialforschung vielfach in einem Konkurrenzverhältnis zu stehen.

Umweltbelastung und Umweltschutz erhalten darum gerade im Kontext der industriellen Zusammenballung in Nordrhein-Westfalen eine besondere Bedeutung. Hier wog die Kehrseite des wirtschaftlichen Erfolgs, nämlich die Belastung von Mensch und Umwelt angesichts des rasanten Wandels einer vormals ländlich geprägten Region zum industriellen Zentrum Europas, besonders schwer. Obgleich eine umwelthistorische Perspektive nicht nur auf die industriellen Emissionen verengt sein, sondern insbesondere auch Belastungen durch eine extensive Land- und Forstwirtschaft einbeziehen sollte, besitzt gerade die Frage nach der Vereinbarkeit von Ökologie und industriellem Wachstum eine weit zurückreichende Tradition. Schließlich waren im Rheinland und in Westfalen früher als in anderen Regionen Deutschlands erste Zeichen des industriellen Zeitalters sichtbar geworden. Bei den Gewerbeaufsichtsämtern gingen jedenfalls bereits in den 1860er Jahren Beschwerden gegen Wasser- und Luftverschmutzungen ein.

Allerdings erreichte die Frage nach der Vereinbarkeit von Ökologie und industriellem Wachstum nach dem Zweiten Weltkrieg eine neue Dimension, als es im Zuge eines weltweiten Wirtschaftswachstums zu einer bedenklichen Zunahme von gesundheitsgefährdenden Emissionen in Luft, Gewässer und Boden kam. Sinnbildlich für diese Entwicklung steht das Ruhrgebiet, das in der Folgezeit geradezu mit industrieller Verschmutzung gleichgesetzt wurde. Bis in die zweite Hälfte des 20. Jahrhunderts hinein war die Wahrnehmung der Region weitestgehend von rauchenden Schloten und sprichwörtlich „dicker Luft" geprägt. So hat gerade die verschärfte Industriekonzentration des Reviers – und die damit verbundene ökonomische Prosperität – im Rheinland und in Westfalen früh ein Bewusstsein für die Umweltprobleme geschaffen. Zugleich kann Nordrhein-Westfalen als ein Beispiel dafür gelten, wie mit diesen enormen Umweltbelastungen umgegangen wurde.[186]

1 Stadt

Als Impulsgeber für Emissionsschutz und Filtertechnologien, Wasserreinhaltung und Klärtechnologien erscheint die Rolle des Musterlandes der Industrie allerdings zwiespältig. Nir-

---

[186] Vgl. *Franz-Josef Brüggemeier*, Eine trostlose Gegend? Umwelt im Ruhrgebiet 1800 bis 2000, in: Borsdorf, 2007 (wie Anm. 23), S. 22–39.

gendwo war die Luftqualität so schlecht, nirgendwo liefen so viele Proteste und Beschwerden ins Leere. Dennoch wandelte sich das Revier rückblickend gerade aufgrund der vielfältigen Anstrengungen seiner Städte, des Siedlungsverbandes und seiner aktiven Bürgerbewegung zu einer Pionier-Region der Schutzpolitik, die allerdings lange Zeit weniger auf Vermeidung von Emissionen als auf ihre „Verdünnung" setzte. Die „Politik der hohen Schornsteine", die die Landespolitik über Jahrzehnte hinweg kennzeichnete, wird erst seit Kurzem durch innovative umwelttechnologische Konzepte ersetzt.

Denn nach dem Zweiten Weltkrieg galten rauchende Schlote an Rhein und Ruhr in erster Linie als willkommenes Zeichen des nordrhein-westfälischen „Wirtschaftswunders". Damit entwickelte sich das Ruhrgebiet nun erst recht zu einem „Industrieschutzgebiet"[187], in dem die Emissionen Höchstwerte erreichten. Pläne zum Zusammenschluss aller an der Luftverschmutzung beteiligten industriellen und gewerblichen Betriebe in Nordrhein-Westfalen, die als Luftgenossenschaft die Luftbelastung nachhaltig hätten reduzieren können, scheiterten zu Beginn der 1950er Jahre am Votum der Industrieunternehmen.[188]

Bald schon aber entspann sich in der Öffentlichkeit ein intensiver Diskurs über die extreme Luftbelastung im „Pott". So bezeichnete das Westdeutsche Tageblatt Ende der 1950er

---

187 *Rainer Weichelt*, Der „verzögerte blaue Himmel" über der Ruhr. Die Entdeckung der Umweltpolitik im Ruhrgebiet aus der Not der Verhältnisse 1949–1975, in: Barbian, Jan-Pieter (Hrsg.), Die Entdeckung des Ruhrgebiets. Das Ruhrgebiet in Nordrhein-Westfalen 1946–1996. Essen 1997, S. 259–284, hier S. 260.

188 Vgl. *Franz-Josef Brüggemeier/Thomas Rommelspacher*, Umwelt, in: Köllmann, Wolfgang/Abelshauser, Werner/Brüggemeier, Franz-Josef (Hrsg.), Das Ruhrgebiet im Industriezeitalter. Geschichte und Entwicklung. Bd. 2. Düsseldorf 1990, S. 509–559, hier S. 533–537.

Jahre die Luftverschmutzung als „Ruhr-Problem Nr. 1".[189] Nicht ohne Grund. Die Staubkonzentration war in Nordrhein-Westfalen in den 1950er Jahren auf bis zu 600.000 t pro Jahr angestiegen, wovon die Hälfte im Ruhrgebiet niederging. An einzelnen Stellen wurden monatlich sogar fünf Kilogramm pro 100 Quadratmeter gemessen. Dies verstärkte den Handlungsdruck auf Politik, Wirtschaft und Wissenschaft, denn längst hatten medizinische Untersuchungen in den 1950er Jahren auf die damit verbundenen erheblichen Gesundheitsrisiken hingewiesen. So wurde z. B. das erhöhte Lungenkrebsrisiko wie auch die vermehrten Säuglingserkrankungen auf die um ein Vielfaches höherliegenden Luftbelastungen der Ruhrstädte zurückgeführt.[190] Das 1962 verabschiedete Immissionsgesetz leitete vor diesem Hintergrund den Vorrang von Ökologie vor Ökonomie ein. Doch erst seit den 1980er Jahren gelten nicht mehr ausschließlich die Interessen des wirtschaftlichen Wachstums, vielmehr stehen die Weichen seither auf Gesundheit und Lebensqualität.[191]

Die Luftreinhaltung in Nordrhein-Westfalen markiert den Beginn einer modernen Umweltpolitik in der Bundesrepublik. Dabei erhielt gerade die wissenschaftliche Auseinandersetzung mit Fragen von Luftemissionen Modellcharakter für die bundesdeutsche Umweltpolitik. Ersten stofflichen Untersuchungen an der „Kohlenstoffbiologischen Forschungs-

---

189 Zitiert nach *Frank Uekötter*, Umweltgeschichte im 19. und 20. Jahrhundert. (Enzyklopädie deutscher Geschichte, 81) München 2007, S. 31.
190 Vgl. *Franz-Josef Brüggemeier/Thomas Rommelspacher*, Blauer Himmel über der Ruhr. Geschichte der Umwelt im Ruhrgebiet 1840–1990. Essen 1992, S. 63; *Weichelt*, 1997 (wie Anm. 187), S. 276.
191 Vgl. *Christoph Nonn*, Vom Naturschutz zum Umweltschutz. Luftreinhaltung in NRW zwischen fünfziger und frühen siebziger Jahren, in: Geschichte im Westen 19, 2006, S. 230–243, hier S. 242.

station" in Essen-Bredeney (u. a. zu den Auswirkungen von Kohlensäure) folgte bereits 1946 die Einrichtung der Landesanstalt für Immissionsschutz, die sich gezielt den Fragen des regionalen Luftreinhaltung widmete.[192]

Hatten die Unternehmen über Jahrzehnte hinweg unter Hinweis auf die damit verbundenen finanziellen Belastungen z. B. die Ausstattung mit kostspieligen Filteranlagen aufschieben können, so schrieb das Immissionsschutzgesetz nun den Einbau technischer Standards vor. Abgase, die über Jahrzehnte als ortsüblich, notwendig oder unvermeidlich gegolten hatten, wurden nun erstmals hinterfragt. Letztendlich trugen verschiedene Faktoren wie die veränderte Produktions- und Verfahrenstechnik sowie immer effektivere Filter- und Klärsysteme zum Rückgang der Luftbelastung bei. Darüber hinaus darf auch der sich abzeichnende Strukturwandel nicht vergessen werden. Denn nicht zuletzt sorgten auch die vermehrten Betriebsstilllegungen in der Schwerindustrie für eine Verbesserung der Luftqualität.

2 Land

Neben der Luft ist der Boden als weiteres Umweltmedium erheblichen Belastungen durch Landwirtschaft, Industrie, Bergbau und Verkehr ausgesetzt. Bergschäden und die Verunreinigung durch toxische Stoffe wurden allerdings erst allmählich als Altlasten wahrgenommen, von denen insbesondere bei der Umnutzung schwerindustrieller Gewerbeflächen erhebliche Gefahren ausgehen können. Zu einem Gegenstand des Umweltschutzes wurde der Boden erst vergleichsweise spät im

---

192 Vgl. *Brüggemeier et al.*, 1992 (wie Anm. 190), S. 64 f.

Jahr 1985 im Rahmen einer bundesweiten Bodenschutzkonzeption. Doch mittlerweile bildet gerade die Bewältigung der Altlastenproblematik im Hinblick auf die Umnutzung ehemaliger Industrieflächen eine notwendige Voraussetzung für einen erfolgreichen Strukturwandel in Nordrhein-Westfalen.

Ein Paradebeispiel bildet der künstlich geschaffene Phoenix-See auf dem ehemaligen Gelände des Hochofen- und Stahlwerks „Phoenix" in Dortmund-Hörde. Dort wurden zwischen 2005 und 2010 mehr als 2,5 Mio. Kubikmeter kontaminierter Boden bewegt. Der so entstandene Krater wird zu einer „Marina" mit angrenzendem Wohn- und Naherholungsgebiet umgestaltet.[193] Neben Bodenverunreinigungen durch industrielle Altlasten zeigten sich in Nordrhein-Westfalen sowohl unter Tage als auch im Tagebau erhebliche Bodenschäden infolge der Bergbauaktivitäten. So hat z. B. im rheinischen Braunkohlerevier, wo ganze Dörfer den riesigen Baggern, Gruben und Halden weichen, der Tagebau nachhaltig auf die Struktur der Landschaft eingewirkt. Und im Ruhrgebiet sind Kommunen und Unternehmen seit Jahrhunderten mit Bergschäden befasst. Hierbei handelt es sich vielfach um Gebäude- oder Straßenschäden, die sowohl durch natürliche Erdbewegungen als auch durch bergbauliche Tätigkeiten hervorgerufen wurden.

3 Fluss

Ähnlich wie bei Luft- und Bodenemissionen rückte seit der Industrialisierung die Verunreinigung der Flüsse und Gewässer durch Gewerbe und Industrie in den Fokus. Auch hier spielte das Ruhrgebiet mit seinen besonders belasteten Gewässern

---

193 Vgl. *Brüggemeier et al.*, 1992 (wie Anm. 190), S. 75.

Ruhr und Emscher eine zentrale Rolle, doch litten darüber hinaus die Flussläufe im Bergischen Land oder im Wuppertal unter den immer massiver werdenden Belastungen durch das Gewerbe. Durch die Einleitung einer stetig steigenden Menge biologisch nicht oder nur schlecht abbaubarer Substanzen – und forciert durch ein immer ausgedehnteres Konsumverhalten der breiten Bevölkerung – zeigten sich Belastungen, die das ökologische Gleichgewicht der heimischen Gewässer zunehmend „aus den Angeln" hoben. Als Beispiel hierfür können die gewaltigen Schaumberge auf Flüssen, Wehren und Schleusen Ende der 1950er Jahre gelten, die auf eine Überdüngung mit chemischen Substanzen hindeuteten. Ebenso sorgte ein massenhaftes Fischsterben im Rhein 1969 durch die Einleitung des Schädlingsbekämpfungsmittels „Endosulvan" zu Recht für erhebliche öffentliche Beunruhigung.[194]

Dabei war die Belastung von Gewässern kein neues Phänomen. Die umfangreiche Nutzung von Brauchwasser durch den hohen Bedarf für die regionale Produktion etwa im Textil- oder Papiergewerbe und die Einleitung von Reststoffen und Kühlwasser aus der chemischen Erzeugung, Energiegewinnung oder auch der Schwerindustrie hatten sich bereits im ausgehenden 19. Jahrhundert zugespitzt. Dabei stellte die Frage der Wasserentnahme und -entsorgung in Industrieregionen gerade die Kommunen vor wachsende Herausforderungen, weil die Wasserläufe als Nutz- und Brauchwasserreservoir wie auch als Abwasserkanal dienten. Gerade die Emscher, im Norden des Ruhrreviers gelegen, errang dabei den unrühmlichen Titel der „Kloake Europas". Begradigt und in Beton

---

194 Vgl. *Kai F. Hünemörder*, Die Frühgeschichte der globalen Umweltkrise und die Formierung der deutschen Umweltpolitik (1950–1973). (Historische Mitteilungen, Beiheft 53) Stuttgart 2004, S. 84.

gegossen galt der Fluss lange als abschreckendes Beispiel für die Umgestaltung der natürlichen Gegebenheiten nach montanindustriellen Bedürfnissen. Diese Politik trug eher zu einer Verlagerung des Problems als zu einer nachhaltigen Klärung der verseuchten Gewässer bei und belastete insbesondere den Rhein in erheblichem Maße. Erst die Internationale Bau-Ausstellung (IBA) machte 1989 die Verunreinigung der Emscher zum öffentlichen Thema. Ziel war es, durch architektonische, städtebauliche, soziale und ökologische Maßnahmen die Grundlagen für den wirtschaftlichen Wandel der Emscherregion zu schaffen. Während der zehnjährigen Laufzeit der IBA bis Oktober 1999 wurden mehr als 120 Einzelprojekte mit einem Fördervolumen von rund 5 Mrd. DM öffentlicher und privater Mittel realisiert. An prominenter Stelle fand sich darunter das Projekt Emscher Landschaftspark, das sich zum Ziel setzte, die hochindustrielle Landschaft im Kern des Ruhrgebietes nach Aufgabe der Nutzung durch die Schwerindustrie neu zu gestalten. Dabei geht es nicht um punktuelle Reparaturen, sondern darum, über einen Raum von Duisburg bis Bergkamen mit dem Schwerpunkt im Emschertal eine neue Landschaft, den Emscher Landschaftspark, als Regionalpark zu gestalten und eine verbesserte Qualität des Wohnumfeldes mit Naherholung und dem Umbau des Gewässersystems der Emscher zu verbinden. Im Zentrum des Projektes steht ein Renaturierungsplan, demzufolge der Fluss bis 2020 seinen alten Lauf zurückerhalten soll.[195]

Öffentlicher und politischer Druck setzte die Konzerne zusehends unter Handlungszwang. Nicht ohne Erfolg, denn die verstärkte Forschung und Entwicklung trug nicht nur zu einer verbesserten Umweltverträglichkeit von Verfahren und

---

195 Vgl. *Brüggemeier et al.*, 1990 (wie Anm. 188), S. 518–526.

Produktionsprozessen bei, sondern veränderte auch das Produktangebot. Im Sinne einer klassischen „Win-Win-Situation" entpuppte sich die Entwicklung ökologisch verträglicher Produkte, etwa im Bereich der Wasch- und Reinigungsmittelchemie, für die Akteure zugleich als willkommene Möglichkeit neue Märkte zu erschließen. Der Düsseldorfer Markenhersteller Henkel, Marktführer im Bereich Waschmittel, setzt beispielsweise seit den ausgehenden 1980er Jahren verstärkt auf die Entwicklung „grüner" Produkte, zuletzt etwa mit der „Nachhaltigkeitsmarke" Terra.

Insgesamt haben sich damit zu Beginn des 21. Jahrhunderts die Konstellationen für den Umweltschutz in Nordrhein-Westfalen grundlegend verändert. Umweltfragen sind „in aller Munde". Das wachsende Bewusstsein von der Nachhaltigkeit politischen, gesellschaftlichen und auch wirtschaftlichen Handelns ist eng mit dem Schutz der Ressourcen Luft, Wasser und Boden verknüpft, egal ob auf lokaler, regionaler oder globaler Ebene. Obgleich der „deutlich sichtbare, fühlbare, riechbare und hörbare Wandel im Industrierevier Rheinland-Westfalens"[196] gewürdigt werden sollte, kann dies nicht darüber hinwegtäuschen, dass auch die nordrhein-westfälische Industrie bei der Lösung des globalen Problems der Erderwärmung und der Reduzierung der CO_2-Belastung weiterhin in der Verantwortung steht. Aktuelle Pläne, die etwa im Zusammenhang mit der CCS *(Carbon Dioxide Capture and Storage)* das Dilemma des modernen Umwelt- und Klimaschutzes widerspiegeln, bieten einer kritischen Öffentlichkeit weiterhin genügend Anlass zur Diskussion.

Den Umweltschutz als industrielle Dienstleistung hat der Philosoph Peter Sloterdijk bereits öffentlichkeitswirksam

---

196 *Brüggemeier,* 2007 (wie Anm. 186), S.39.

zum Ausgangspunkt einer „Welt-Revolution made in NRW" erklärt.[197] Auch die angestrebte Bewerbung der Metropole Ruhr als „Grüne Hauptstadt Europas" 2015 mag ein Anhaltspunkt für diesen gesellschaftspolitischen Wandel sein. Ob die grüne Technologie als Kompensation für die sterbenden alten Industrien tatsächlich langfristig dienen kann, bleibt indessen abzuwarten.

---

197 Vgl. *Peter Sloterdijk*, „Dann könnte vom Ruhrgebiet geradezu eine Art Welt-Revolution ausgelöst werden". Über die vielfältigen Chancen einer Region, in: Engel, Klaus/Großmann, Jürgen/Hombach, Bodo (Hrsg.), Phönix flieg! Das Ruhrgebiet entdeckt sich neu. Essen 2011, S. 26–39.

Kapitel 6
„Zukunft durch Wandel" – Das Energieland Nordrhein-Westfalen

D ie Geschichte von Nordrhein-Westfalen kann mit Rolf Peter Sieferle auch als Geschichte von aufeinanderfolgenden „Energieregimen" beschrieben werden. So löste seit dem 19. Jahrhundert der nicht nachwachsende Rohstoff Kohle den nachwachsenden Rohstoff Holz aus vor- und frühindustrieller Zeit ab. Seit den 1930er Jahren wurde die Kohle allmählich durch Erdöl, zunächst als Haupttreibstoff, und seit den 1950er Jahren durch den vermehrten Einsatz in der Industrie verdrängt. Gegenwärtig erleben wir, bedingt durch die Endlichkeit der vorhandenen Erdölreserven, eine Rückkehr zu Konzepten nachwachsender Energieträger wie Holz oder auch zu alternativen Ressourcen wie Wind und Sonne.

1 Von den fossilen Energieträgern zum Energie-Mix

Der endgültige Durchbruch der Industrieregion Rheinland-Westfalen ist seit dem 19. Jahrhundert bekanntlich eng mit der Steinkohleförderung verbunden. Die Kohle blieb bis weit in die zweite Hälfte des 20. Jahrhunderts zentraler Energieträger und bildete das Fundament der Prosperität einer ganzen

Region. Braun- und Steinkohle trugen noch 2003 mit einem Anteil von mehr als 40 Prozent zur bundesrepublikanischen Energiegewinnung bei.[198]

So kann es nicht verwundern, wenn im Land der Kohle mit der RWE AG und der E.ON AG Stromkonzerne ansässig sind, die zu den bundesweit führenden Energieanbietern zählen. RWE war bereits seit der Jahrhundertwende maßgeblich an der Elektrifizierung der Region beteiligt, und zwar sowohl im Hinblick auf die öffentliche Versorgung mit Gas und Elektrizität als auch auf die Stromversorgung für die Industrie. Beide Unternehmen unterhalten z. B. Kraftwerke unmittelbar im rheinischen Braunkohlerevier (RWE: u. a. in Neurath, Frimmersdorf, Niederaußem, Weisweiler) wie auch Steinkohlekraftwerke (Ibbenbühren, Bergkamen, Gerstein, Westfalen/Hamm bzw. EON: u. a. Steinkohlekraftwerke in Veltheim, Datteln (im Bau), Knepper, Shamrock, Buer, Scholven).

Seit dem Zweiten Weltkrieg setzte sich jedoch das Erdöl nicht nur als weltweit führender Energieträger, sondern auch als Rohstoff für neue Massenkonsumprodukte aus Kunststoff durch. So trat neben der Motorisierung der Straßen und der Elektrifizierung der Küche auch die Plastikproduktion ihren Siegeszug an und prägte ganze Industriebereiche. Diese Entwicklung bedeutete langfristig einen nachhaltigen Wandel des Energie-Mix. Während 1950 noch rund 70 Prozent der Primärenergien am Energieverbrauch in der Bundesrepublik durch Steinkohle, und demgegenüber durch Mineralöl lediglich fünf Prozent abgedeckt wurde, hatte sich dieses Verhältnis bis 1990 auf Anteile von knapp 20 Prozent für Steinkohle und rund 40 Prozent für Mineralöl verkehrt (Abbildung 8).

---

198 Vgl. *Zahlenbilder*, 2006 (wie Anm. 139), S. 46.

Die globalen Veränderungen machten das Land zur Drehscheibe dieses Wandels. Als Zentren der Rohölverarbeitung in Nordrhein-Westfalen gelten, bereits seit der Zeit vor dem Zweiten Weltkrieg, die Region südlich von Köln im Raum Godorf-Wesseling sowie traditionell auch Gelsenkirchen. Allerdings verlor die heimische Kohle in Nordrhein-Westfalen nur langsam an Boden. Dabei erlangten Diskussionen um den Erhalt der Kohlewirtschaft den Stellenwert einer Grundsatzfrage. Trotz ihrer im weltweiten Maßstab „gegen Null" tendierenden Wettbewerbsfähigkeit flammten auch in jüngerer Vergangenheit erneut Debatten über eine „Renaissance" der Kohle auf, zuletzt im Kontext energetischer Engpässe (Gasbezug aus Russland) und der Sicherheit der Energieversorgung.[199] Der Anteil der erneuerbaren Energien stieg in der Stromerzeugung Nordrhein-Westfalens seit 1990 von unter einem Prozent auf rund sechs Prozent 2010. Schwerpunkte lagen dabei im Ausbau von Windenergie und Solaranlagen sowie der Verwertung von Biomasse. Insgesamt wurde so auch der Anteil der nordrhein-westfälischen Stromerzeugung durch erneuerbare Energien an der Gesamtbilanz der Bundesrepublik von drei Prozent 1990 auf rund elf Prozent 2010 gesteigert (Abbildung 8).

Nur als vorübergehende Lösung entpuppte sich auch in Nordrhein-Westfalen die Verwendung von Atomkraft als „sauberer" Energie der Zukunft, in die Milliarden investiert wurden, ehe sich Politik und Energieversorger seit den 1980er Jahren mit massiver Kritik konfrontiert sahen. Betroffen war davon auch das Aushängeschild unter den nordrhein-westfälischen AKWs, der innovative Hochtemperaturreaktor in Hamm-Uentrop, der 1989 abgeschaltet wurde, und der

---

199 Vgl. *Wolfhard Weber*, Energiewirtschaft, in: Faust, 1993 (wie Anm. 146), S. 102–104, hier S. 104.

	1990		2005		2010	
	NRW	BRD	NRW	BRD	NRW	BRD
Steinkohle	70,6	140,8	58,5	134,1	54,8	117,0
Braunkohle	72,8	170,9	78,2	154,1	73,3	145,9
Erdgas/Mineralöl	22,3	46,7	24,7	82,6	28,5	95,2
Kernenergie	1,1	152,5	–	163,0	–	140,5
Erneuerbare Energien	0,6	19,7	8,7	62,4	11,3	102,8
davon Windenergie			2,8	27,2	4,1	38,6
davon Biomasse			2,5	14	4,5	30,9
davon Wasserkraft			0,5	19,6	0,5	19,1
davon Photovoltaik			0,1	1,3	0,7	6,6
davon Tiefengeothermie			–	0	–	0,02
Sonstige	1,9	19,3	10,5	24,4	10,1	26,7
Gesamt	169,4	549,9	180,6	620,6	178	628,1

Abbildung 8: Energiemix – Stromerzeugung in TWh (1990–2010)
Quelle: Eigene Zusammenstellung nach EnergieAgentur NRW (Hrsg.),
Energie. Daten NRW 2011. Düsseldorf/Münster 2011, S. 3 f.

1985 fertigestellte „Schnelle Brüter" in Kalkar.[200] Als Prototyp einer neuen Ära der Atomkraft in Westdeutschland stand der Brutreaktor für eine effizientere Ausnutzung des Brennstoffes. 1985 endlich betriebsfertig, gelangte er jedoch nach jahrelangen Protesten nie ans Netz. Die Vervielfachung der

---

200 Vgl. *Uekötter,* 2007 (wie Anm. 189), S. 34.

Baukosten von ursprünglich 500 Millionen auf rund 7 Mrd. DM machte den heute als Freizeitpark umgenutzten Betonkoloss „zur größten Investitionsruine der Bundesrepublik".[201]

2 „Aus Nöten werden Tugenden": Chancen und Herausforderungen erneuerbarer Energien

Vor dem Hintergrund der öffentlichen Diskussion um die Endlichkeit der Ressourcen, die der Club of Rome (*Limits to Growth*, 1972) bereits zu Beginn der 1970er Jahre angestoßen hatte, erlangte die Nutzung natürlicher Energien neue Aufmerksamkeit. Aus historischer Sicht handelte es sich dabei um eine Rückbesinnung auf alte Tugenden. Schließlich besaß die Nutzung von Wind- und Wasserkraft in einzelnen Regionen Rheinland-Westfalens eine lange, weit in die vorindustrielle Zeit zurückreichende Tradition. So ist etwa für die bergischen und märkischen Mittelgebirgsregionen die Häufung von wasserkraftbetriebenen Hämmern an den Flussläufen seit der frühen Neuzeit ebenso belegt wie der Betrieb von Windmühlen am Niederrhein.

Doch mit dem wachsenden Interesse an nachhaltigen Energieregimen gewinnt die Nutzung von erneuerbaren Energien oder von natürlichen Ressourcen wie Sonne-, Wind- und Wasserkraft mehr und mehr an Bedeutung. Für die Zukunftsindustrien des ausgehenden 20. Jahrhunderts kommt Unternehmern aus Nordrhein-Westfalen wie etwa Frank Asbeck (SolarWorld AG, Bonn) oder Wind-Unternehmen wie der Winergy AG

---

201 *Manfred Kriener*, „Aufbruch ins Wunderland" in: Die Zeit Online, 30.9.2010, online verfügbar, URL: <http://www.zeit.de/2010/40/Atomenergie-Stromkonzerne> [letzter Zugriff: 17.10.2011].

aus Voerde, der Bosch Rexroth AG (Getriebetechnik) aus Witten oder der EVIAG AG (Anlagenbau) aus Duisburg eine Pionierfunktion zu.[202] Gegenwärtig haben „fünf der weltweit führenden Getriebehersteller [...]" für Windräder „ihren Sitz in NRW. Jedes dritte weltweit in Windkraftanlagen eingesetzte Getriebe wird in NRW von nordrhein-westfälischen Ingenieuren entwickelt."[203] 2010 fanden sich an Rhein und Ruhr rund 15.000 Beschäftigte allein im Bereich Windenergie.

Erneuerbare Energien zählen darum zu den technologischen Zukunftsbereichen der nordrhein-westfälischen Wirtschaft. Bundesweit entstehen in der Umweltindustrie Forschungs- und Innovationsstandorte mit etwa 1 Mio. Beschäftigten, rund ein Drittel davon findet sich in Nordrhein-Westfalen (2007).[204] Dabei fördert das Land, z. B. über die Energieagentur NRW und durch das „Progres.NRW"-Programm, den Aufbau des Clusters EnergieRegion NRW, wo bereits bestehende Kompetenzbereiche mit neuen innovativen Feldern in der Kraftwerktechnik, der Brennstoffzellen- und Wasserstoffforschung, Biomasse, Kraftstoffe und Antriebe, energieeffizientes Bauen, Solartechnik/Photovoltaik, Geothermie und Windkraft verbunden werden.[205]

---

202 Vgl. *Netzwerk Windkraft NRW*, URL: <http://www.energieregion. nrw.de/windkraft/page.asp?TopCatID=13380&CatID=13476&Ru brikID=13476> [letzter Zugriff: 17.10.2011].
203 *Ministerium für Klimaschutz, Umwelt, Landwirtschaft, Natur- und Verbraucherschutz des Landes Nordrhein-Westfalen*, URL: <http://www.umwelt.nrw.de/klima/energie/windenergie/index. php> [letzter Zugriff: 17.10.2011].
204 Vgl. *Eckhard Uhlenberg*, Wo der Grünkohl warnt. Frühe Leistungen und aktuelle Aufgaben der Umweltpolitik in Nordrhein-Westfalen, in: Brautmeier, 2007 (wie Anm. 58), S. 243–256, hier S. 256.
205 Vgl. Themenfelder und Netzwerke im Cluster EnergieRegion NRW, URL: < http://www.energieagentur.nrw.de/default.asp> [letzter Zugriff: 20.12.2010].

Als Pionierregion für den Strukturwandel vom bedeutendsten Industriegebiet Deutschlands zum ökologisch nachhaltigen Wirtschaftsstandort nimmt das Ruhrgebiet eine Vorreiterrolle ein, was innovative Konzepte wie das der „Solarstadt Gelsenkirchen" (1996) unterstreichen sollen. Der 1995 auf dem Gelände des Thyssen-Gussstahlwerks gegründete Wissenschaftspark Gelsenkirchen war eines der bedeutendsten Projekte der IBA Emscher Park und gilt immer noch als eine der „ersten Adressen", wenn es um den Wandel der Wirtschaftsstruktur im Revier geht. Der Wissenschaftspark ist zugleich Heimat eines der ältesten und damals weltweit größten Dach-Solarkraftwerke. Vormals die Stadt der „tausend Feuer" zeigt Gelsenkirchen heute, als „Stadt der Zukunftsenergien" wie Strukturwandel gestaltet werden kann. Mehrere hundert Arbeitsplätze wurden zur Herstellung von Solarzellen, Solarmodulen, Solarkollektoren, Wärmepumpen und Komponenten für Windkraftanlagen geschaffen. Hinzu kommen Arbeitsplätze in Handwerk, Bildung, Beratung und Forschung mit einer steigenden Tendenz. Der Standort gilt als Kern eines *Hightech-Clusters*, das neben konventioneller Energie- und Kraftwerktechnik sämtliche Segmente erneuerbarer Energien umfasst. Als Aushängeschild einer „energetischen Wende" wurde jüngst die Stadt Bottrop in den Rang der InnovationCity Ruhr erhoben, ein Titel, der das energetische Konzept der CO_2-Reduktion würdigt.

Die Zukunftchancen der „grünen" Wachstumsindustrien werden vom Bundesumweltministerium langfristig hoch eingeschätzt. Als Leitmärkte gelten dabei vor allem Energieeffizienz, Kreislaufwirtschaft sowie umweltfreundliche Energien und Energiespeicherung. 2009 hielten deutsche Produkte in der Umwelttechnik bis zu 30 Prozent der Weltmarktanteile, innerhalb Deutschlands sollen sie sich bis 2020 auf knapp

15 Prozent des Bruttoinlandsprodukts erhöhen. Das Umsatzwachstum in Nordrhein-Westfalen liegt bei etwa 20 Prozent und entspricht damit ungefähr dem Bundesdurchschnitt 2005 bis 2009.[206]

Dies ist wenig verwunderlich, denn Renaturierungen, Emissionsschutz und alternative Antriebe und Energien erfordern maßgeschneiderte Problemlösungen. Dazu gehören Verfahren zur Aufbereitung von Trink- und Brauchwasser, Apparate und Materialien zur Energierückgewinnung, emissionsarme Prozesstechnik, Geruchsbeseitigung, der biologische Abbau gelöster Stoffe, die thermische Beseitigung und Verwertung von Abfällen wie auch Recycling- und Entsorgungsverfahren oder auch die sogenannten *End-of-Pipe*-Technologien des nachsorgenden Umweltschutzes. Anstelle von Konfektionslösungen „von der Stange" kann Nordrhein-Westfalen mit hochspezialisierten Angeboten aufwarten. Bereits in den 1990er Jahren waren rund 2000 Unternehmen mit über 800 Verfahren und Produkten auf dem Markt für Umweltschutztechnologie tätig. Im bundesdeutschen Vergleich war dies etwa ein Drittel aller Anbieter mit etwa 160.000 Beschäftigten. Rund 35 Prozent aller bundesweit direkt im Umweltschutz beschäftigten Arbeitnehmerinnen und Arbeitnehmer waren damit in Nordrhein-Westfalen tätig, eine Zahl, die bis heute auf rund 250.000 Beschäftigte angewachsen ist.[207]

---

206 Vgl. *Roland Berger* (Hrsg.), GreenTech made in Germany 2.0. Umwelttechnologie-Atlas für Deutschland. München 2009, S.2 und S.268f.
207 Vgl. *Umwelttechnologien.NRW* (Hrsg.), Clustermanagement. Ziele und Augaben, onliner verfügbar, URL: <http://www.umweltcluster-nrw.de/data/files/145/20110923_iku_flyer_umwelttechnologie_dt.pdf> [letzter Zugriff: 17.10.2011].

Kapitel 7
„Zukunft braucht Herkunft": Industriekultur als Corporate Identity eines Landes

Angesichts des weit zurückreichenden industriellen Erbes steuert die Industriekultur einen wesentlichen Anteil zur Corporate Identity des Landes Nordrhein-Westfalen bei. Und dies obwohl das Land weit mehr an kulturellem Erbe vorweisen kann als Kohlehalden und rauchende Schlote. Die spezifische industriehistorische Prägung wird jedoch nicht erst seit dem Kulturhauptstadtjahr 2010 als „zukunftsweisende Vergangenheit"[208] begriffen, die das Erbe der altindustriellen Regionen würdigt. Industriekultur macht die bewegte Wirtschaftsgeschichte des Landes nachvollziehbarer und dokumentiert den unaufhaltsamen Strukturwandel als „eigene Geschichte". Doch der Weg bis zur Institutionalisierung, etwa durch die Begründung einer Industriedenkmalpflege, die Einrichtung von Industriemuseen, die Realisierung von Umnutzungsprojekten in den Bereichen Gewerbe, Wohnungsbau und Tourismus oder Austragung von internationalen Kultur-Events, war lang und steinig.

Als nämlich die Landesdenkmalpflege zu Beginn der 1970er Jahre begann, sich neben dem Erhalt von öffentlichen Gebäuden auch mit den Hinterlassenschaften der Industrialisierung,

---

208 *Achim Prossek*, Industriekultur – Zukunftsweisende Vergangenheit, in: Prossek et al., 2009 (wie Anm. 143), S. 164–165.

so etwa mit Fabrik- und Produktionsanlagen, Wohnsiedlungen und Kolonien sowie Transport- und Versorgungseinrichtungen zu beschäftigen, war die Überzeugung, dass es sich hierbei um einen schützenswerten Teil des kulturellen Erbes handeln könne, noch denkbar gering ausgeprägt. Dies änderte sich, als sich nicht nur Fachleute für den Erhalt dieser Baudenkmäler einsetzten, sondern auch Anwohnerinnen und Anwohner der Anlagen „auf die Barrikaden gingen", um für den Schutz dessen, was ihnen ein Stück Heimat bedeutete, einzutreten. Dafür steht z. B. die frühe Auseinandersetzung um den Erhalt der Dortmunder Jugendstilzeche Zollern Ende der 1960er Jahre. Das zwischen 1898 und 1904 erbaute „Schloss der Arbeit" im Westen Dortmunds gilt als eine der schönsten und außergewöhnlichsten Zeugnisse der industriellen Vergangenheit in Deutschland. Kaum mehr vorstellbar ist heute, dass diese „Ikone der Industriekultur" nach der Stilllegung in den 1960er Jahren einer Schnellstraße weichen sollte. Die Unterschutzstellung des Vorzeigebaus aus Glas und Stahl 1969 markiert darum den Beginn der Industriedenkmalpflege in Westdeutschland.[209]

Für viele Menschen, inner- wie außerhalb der Landesgrenzen, ist die Industriekultur heute ein wesentlicher Teil dessen, was Nordrhein-Westfalen ausmacht. Dies ist nicht zuletzt dem geschickten Marketing der Ruhr Tourismus GmbH zu verdanken, die Großereignisse wie zuletzt die „Ruhr 2010" konzeptioniert und organisiert.[210] Dass Industriekultur sich positiv auf die Außenwahrnehmung des Ruhrgebiets aus-

---

209 *Günter Ermlich*, „Zeche Zollverein", in: Die taz, 14.3.2009.
210 Vgl. *RVR*, „Land NRW und RVR stellen gemeinsames Konzept zur Nachhaltigkeit des Kulturhauptstadtjahres vor", 12.10.2011, URL: <http://www.metropoleruhr.de/presse/pressemitteilungen/pressemitteilungen-detail/archive/2011/october/article/land-nrw-und-rvr-stellen-gemeinsames-konzept-zur-nachhaltigkeit-des-kulturhauptstadtjahres-vor-kopi.html> [letzter Zugriff: 17.10.2011].

wirkt, belegen z. B. Besucherbefragungen zur „Extraschicht 2011". Ihnen zufolge gaben über 60 Prozent der auswärtigen Gäste an, die Veranstaltung habe ihr Bild vom Ruhrgebiet positiv beeinflusst.[211] Dies hat auch Konsequenzen für den Tourismus. Eine wichtige Rolle für das Image Nordrhein-Westfalens spielen mittlerweile die Spezialthemen Industriekultur, technische und naturwissenschaftliche Museen und Unternehmensbesichtigungen, die das industrielle Erbe des Landes anschaulich machen. Dies belegt eine Sonderstudie „Reisezielimage mit Schwerpunkt Industriekultur", die 2010 im Auftrag von NRW Tourismus e.V. aufgelegt wurde.[212]

1 An der Schnittstelle von Denkmalpflege und Museum: Neue Perspektiven für alte Industriestandorte

Pionierarbeit in Sachen Industriekultur leistete die Landesdenkmalpflege. So schlug der Denkmalpfleger und nachmalige Direktor des Westfälischen Industriemuseums, Helmut Bönninghausen, vor, angesichts der anstehenden umfangreichen Deindustrialisierungsvorhaben im Zuge des Strukturwandels, die Erhaltung von Industriegebäuden an der „Schnittstelle von Denkmal-Schutz und Museum" zu fördern.[213] Aus dieser Ini-

---

211 Vgl. Umfrage Extraschicht 2011, online verfügbar, URL: <http:// www.extraschicht.de/service/besucherbefragung/> [letzter Zugriff: 17.10.2011].

212 Vgl. *Tourismus NRW*, URL: <http://www.touristiker-nrw.de/data/ cms/hdsn_app_classes_article/436/RA10_Reisezielimage_Indust-riekultur_20110720_NRW_Freigabe%20FUR%20erfolgt.pdf> [letzter Zugriff: 11.01.2012].

213 Vgl. *Roland Günther*, „10 Jahre IBA – und was nun?", URL: <http:// www.dwb-nrw.de/index.php?id=44&tx_ttnews[tt_news]=48&tx_tt news[sViewPointer]=18&cHash=2e1a0082111d05331e12467bded 4c281> [letzter Zugriff: 06.01.2012].

tiative gingen in Dortmund (1979) und Oberhausen (1984) die beiden Industriemuseen der Landschaftsverbände Rheinland und Westfalen-Lippe hervor. Als dezentrale Museumsstandorte bilden sie heute ein in Europa einmaliges Netz von insgesamt 14 Standorten aus ehemaligen Fabriken, Werkstätten, Zechen und Verkehrsbetrieben, die die historischen Leitsektoren der rheinisch-westfälischen Industrielandschaft repräsentieren.

Unterstützung fanden die Denkmalpfleger seit den 1980er Jahren auf Seiten der Landespolitik. Als NRW-Städtebauminister (von 1980–1990) gebot Christoph Zöpel dem „gnadenlosen Abräumen" seit Beginn der 1980er Jahre Einhalt. Nachdem von den etwa 2000 Arbeitersiedlungen im Revier bis 1972 bereits die Hälfte abgerissen worden war, konnten die noch bestehenden Siedlungen nun durch Bürgerinitiativen und die neue Städtebaupolitik der „Umsteuerung" erhalten werden.

Dies dokumentiert das Beispiel Eisenheim bei Oberhausen als eine der frühesten erhaltenen Arbeitersiedlungen im Revier. Als Arbeitersiedlung des Eisen- und Stahlunternehmens Jacobi, Haniel & Huyssen in Oberhausen gegen Mitte des 19. Jahrhunderts errichtet, diente die Siedlung dazu, dringend benötigte Fachkräfte in der Nähe des Werkes unterzubringen. Im Sinne patriarchalischer Betriebsführung stellte gerade der Werkswohnungsbau ein verbindendes Element von Disziplinierung und Fürsorge dar. Schließlich waren hier bis in die 1950er Jahre Vermieter und Arbeitgeber identisch, ein Verlust des Arbeitsplatzes bedeutete immer auch den Verlust der Wohnung.[214] Trotz dieses Konnexes bedeutete Eisenheim für seine Bewohnerinnen und Bewohner

---

214 Vgl. *Dorit Grollmann/Milena Karabaic,* „... für tüchtige Meister und Arbeiter rechter Art". Eisenheim – die älteste Arbeitersiedlung im Ruhrgebiet macht Geschichte. (Schriften/Rheinisches Industriemuseum, 12) Köln 1996, S. 24 und S. 38–40.

ein Stück Heimat. Der Plan der damaligen Eigentümerin, des Hüttenwerkes Oberhausen (HOAG), die Siedlung Ende der 1950er Jahre abzureißen, rief darum anhaltende Proteste auf den Plan. Erst in den 1970er Jahren gelang es einer Bürgerinitiative, den Abbruch endgültig zu verhindern. Die Akteure nutzten dabei die Öffentlichkeit für ihr Anliegen, sodass sogar Bundespräsident Gustav Heinemann in seiner Rede auf dem Architektentag 1974 die Eisenheimer Initiative aufgriff: „Ich erinnere an das Beispiel einer alten Bergmannsiedlung in Oberhausen, deren Bewohner nicht bereit waren, ihre fast schon baufälligen Häuser zu verlassen. [...] Sie wollten die Unannehmlichkeiten [...] in Kauf nehmen, um ihre gewohnte Umgebung nicht zu verlieren. [...] Es waren die unmittelbaren menschlichen Bedürfnisse, die sie gegen eine Umsiedelung protestieren ließen."[215] Mit Blick auf die Wertschätzung einer historisch gewachsenen Siedlungsstruktur wurde Eisenheim seit den 1970er Jahren restauriert und schließlich unter Denkmalschutz gestellt. Abschließend kam 1990 ein Museum zur Geschichte der Arbeitersiedlung hinzu.[216]

Als hinderlich bei der kulturhistorisch begründeten Erhaltung der Gebäude erwies sich die Tatsache, dass der Grund und Boden im Sinne einer Flächenvorhaltepolitik zunächst weiterhin im Besitz der Unternehmen verblieben und erst nach und nach mit dem Ziel der raschen gewerblich Weiternutzung an die Kommunen verkauft wurden. Der 1979 eingerichtete Grundstücksfonds Ruhr etwa sollte die bis dahin weitgehend erschwerte Flächennutzung durch überhöhte Preisvorstellungen und mangelnde Kaufbereitschaft wie auch technische Probleme bei der Neubesiedelung neu strukturie-

---

215 Zitiert nach *Grollmann et al.*, 1996 (wie Anm. 214), S. 60.
216 Vgl. *Grollmann et al.*, 1996 (wie Anm. 214), S. 56–61.

ren. Organisatorisch erfolgte der Abverkauf dann in erster Linie über die Landesentwicklungsgesellschaft NRW (als Tochterunternehmen des Landes), teilweise verblieben die Flächen jedoch auch in unternehmerischer Obhut (ThyssenKrupp Immobilien, RAG Montan Immobilien), die hier z.T. einen ganz neuen Geschäftsbereich entwickelten.[217]

2 „Abtauchen im Gasometer": Die Internationale Bauausstellung (IBA) Emscher Park 1989–1999

Stand eine kulturhistorische Umnutzung ehemaliger Industriegelände zunächst nicht auf der Agenda, so erlangte die Industriekultur durch die Arbeit der Internationalen Bauausstellung (IBA) Emscher Park breiten öffentlichen Rückhalt. Mit insgesamt rund 90 Projekten widmete sie sich zwischen 1989 und 1999 erstmals der Erneuerung eines ganzen Industriegebiets und lieferte wegweisende Impulse für den ökologischen, wirtschaftlichen, sozialen und kulturellen Umbau der Region. Die IBA steht für eine Zäsur im Umgang mit dem industriellen Erbe, nämlich für das Ende des „Tabula-rasa-Prinzips". Dazu gehörte neben der Anlage des neuen Emscher Landschaftsparks (u. a. Renaturierung der Emscher, Erschließung von Gewerbeflächen, Infrastruktur- und Stadtteilmaßnahmen) insbesondere der Imagewandel des alten Kohlereviers. Die IBA sah nicht nur eine Revidierung der Flächennutzung vor, sondern entwickelte ein Gesamtpaket, das auch Freizeitkonzepte für ehemalige Betriebsstandorte umfasste.

---

217 Vgl. Regionalkunde Ruhrgebiet, online verfügbar, URL: <http://www.ruhrgebiet-regionalkunde.de/erneuerung_stadtregionaler_raeume/industriebrachen/industriebrachen.php?p=4> [letzter Zugriff: 17.10.2011].

164

Ob *Free Climbing* im Koksbunker oder „Abtauchen" im Gasometer, die postindustriellen „Erlebniswelten" auf ehemaligem Industriegelände tragen dazu bei, dass das Konzept der Industriekultur auch in der breiten Bevölkerung auf hohe Akzeptanz stößt. So gehört beispielsweise der Landschaftspark Duisburg Nord nach dem Kölner Dom zu den meistbesuchten touristischen Orten in Nordrhein-Westfalen. Damit scheint der Plan, das Ruhrgebiet als einstige Zechenlandschaft mit grauem Image als (Nah-)Erholungsgebiet mit Freizeitqualitäten zu vermarkten, zunehmend aufzugehen.

Mit Blick auf die Landschafts- und Stadtplanung bewirkte die IBA zudem einen konstruktiven Blick auf die regionale Umwelt. Industriekultur wurde dabei zum Kommunikationsmedium. Als Kunst im öffentlichen Raum trugen „Landmarken und Stadtzeichen" zur Profilierung regionaler Horizonte wie auch zur Identifikation sozialer Räume bei. An mittlerweile 21 Standorten des Reviers fungieren Installationen seither als Wegweiser, Wahrzeichen oder auch „Gedächtnisorte", um die besondere Ästhetik wie auch die räumliche Nähe der Standorte und Städte zu unterstreichen. Über das Tetraeder in Bottrop, Richard Serras Bramme auf der Halde Schurenbach in Essen oder das Oberhausener Gasometer sorgen sie für Sichtbeziehungen zwischen den altindustriellen Standorten und eröffnen so zugleich Horizonte regionaler Verbundenheit.

Ebenso erweisen sich Teile der altindustriellen Betriebsstandorte als attraktive Spielstätten für Theater- und Konzertaufführungen ebenso wie für Ausstellungen. So gründet die Unverwechselbarkeit der 2001 ins Leben gerufenen Ruhrtriennale vor allem darin, dass die Veranstaltungen an industriehistorischen Orten wie der Bochumer Jahrhunderthalle oder der Meidericher Gebläsehalle stattfinden. Ebenso unterstreichen monumentale Ausstellungen wie „Feuer und

Flamme" (1994 Gasometer Oberhausen) oder „Sonne, Mond und Sterne" (1999, Kokerei Zollverein) die besondere Aura altindustrieller *Locations*.[218]

3 „Wider die Musealisierung?" Zwischen „Kulturhauptstadt Ruhr" und „real existierender Industriekultur"

Neben *Events* wie der seit 2001 jährlich stattfindenden „Nacht der Industriekultur" („Extraschicht"), die bis zu mehrere Hunderttausend Besucher anzieht, setzt die „Route Industriekultur" auf die Attraktivität der Industriegeschichte. Nach dem Vorbild der englischen *Industrial Archaeology* entstand unter Federführung des Kommunalverbandes Ruhr 1995 ein industriehistorischer Parcours, der schrittweise ausgebaut wurde. Mit einer Vielzahl von Themenrouten, die durch „Bypässe" an der Peripherie, etwa im Bergischen, ergänzt werden, fügt sich das Angebot in die seit 2002 bestehende Europäische Route der Industriekultur ein. Das Potenzial liegt in erster Linie im Tages- und Nahtourismus, der mit der Rhein-Ruhr-Region über ein großes Einzugsgebiet verfügt.

Seit 1997 fungiert die Kultur Ruhr GmbH als Aushängeschild des kulturellen Unternehmertums an der Ruhr. Sie wird getragen durch die großen Institutionen regionaler Selbstverwaltung, den Kommunalverband Ruhr, die IBA sowie den Verein pro Ruhrgebiet als Sammlung bürgerschaftlichen Engagements. Ihre Aufgabe sehen die Gesellschafter in der „Initiierung,

---

218 Vgl. *Hans-Werner Wehling*, Die Internationale Bauausstellung (IBA) Emscher Park, in: Prossek et al., 2009 (Anm. wie 143), S. 162–163.

[dem] Aufspüren und Fördern von Kunst- und Kulturprojekten, welche sich in Inhalten, Methoden und Formen mit den ökonomischen, ökologischen, sozialen und kulturgeschichtlichen Umbruchsituationen zu Ende des 20. Jhd. beschäftigen." Damit liegt die Intention primär darin, nicht nur „neue Sinnzusammenhänge", sondern auch „Arbeitsplätze für die Menschen" zu schaffen.[219] Einen Eindruck davon, inwieweit dieses Vorhaben umgesetzt wurde, mag ein Überblick über das beeindruckende Investitionsvolumen geben. Allein zwischen 1996 und 1999 wurden insgesamt 420 Projekte mit einem Gesamtvolumen von 35,7 Mio. DM gefördert. Hinzu kamen 19 „strukturwirksame Großprojekte der Kulturregion Ruhrgebiet"[220], in die eine Summe von insgesamt 20 Mio. DM floss.

Als eine zeitnahe Strukturentwicklungsmaßnahme lässt sich das europäische Kulturhauptstadtjahr 2010 anführen. Dass die Entscheidung dabei auf Essen und das Ruhrgebiet fiel, unterstreicht die Dimension der Region als Standort einer europäischen Industriekultur. Die Zeche Zollverein in dem vom Strukturwandel heimgesuchten Essener Stadtteil Katernberg avancierte als Weltkulturerbe zum geografischen Mittelpunkt des Ereignisses, das 2010 10,5 Mio. Besucherinnen und Besucher anlockte.[221] Von 1847 bis 1986 länger als hundert Jahre in Betrieb, symbolisiert die Zeche seither als Zentrum

---

219 Memorandum der Kultur Ruhr GmbH, 1997, zitiert nach: *Eckart Pankoke*, Das Industrierevier als Kulturlandschaft. Politische Kulturen aktiver Öffentlichkeit, in: Borsdorf, 2007 (wie Anm. 23), S. 188–215, hier S. 208.
220 Bericht für den Kulturausschuss des Landtages NW, 2/2000, zitiert nach: *Pankoke*, 2007 (wie Anm. 219), S. 209.
221 Vgl. *Ruhr.2010*, URL: <http://www.essen-fuer-das-ruhrgebiet. ruhr2010.de/no_cache/presse-medien/pressemitteilungen/detail-seite/article/ruhr2010-zieht-bilanz-was-wurde-erreicht-was-wurde-gelernt-was-ist-zu-tun.html> [letzter Zugriff: 11.10.2011].

für Kultur und Kreativwirtschaft mit dem Schwerpunkt Denkmalpflege, Design und Architektur und als Sitz des neuen RuhrMuseums die Wandlungsfähigkeit von Industriearealen.

Über ein „Zentrum für Kunst und Kreativität" verfügt seit Kurzem auch der Osten des Reviers mit dem 2011 eröffneten „Dortmunder U", dem ehemaligen Gär- und Lagerhochhaus der Dortmunder Union-Brauerei, womit einmal mehr der „ewige" Wettlauf zwischen den Ruhrgebietsstädten dokumentiert ist. In einer einzigartigen Mischung aus Kunst, Forschung, kultureller Bildung und Kreativwirtschaft richten sich seither Veranstaltungen, Ausstellungen und unterschiedlichste kulturelle Angebote an ein breites Publikum.

Neben den Standorten der Industriemuseen sollten ebenso die zahlreichen historischen Dokumentationsstellen, Archive wie etwa das Rheinisch-Westfälische und das Westfälische Wirtschaftsarchiv in Köln und Dortmund als Stiftungen der örtlichen Industrie- und Handelskammern sowie die Unternehmensmuseen nicht vergessen werden, die schon früh ihre Industrie- und Gewerbegeschichte in Museen präsentierten und diese auch touristisch attraktiv gemacht haben, so etwa das Klingenmuseum in Solingen, das Deutsche Werkzeugmuseum in Remscheid, das Deutsche Schloss- und Beschlägemuseum in Velbert, das Historische Centrum in Wuppertal oder das Deutsche Textilmuseum in Krefeld. Dazu gehören ebenso die Villa Hügel in Essen, die das Krupp-Museum beherbergt, wie das Haniel-Museum in Duisburg, das Hoesch-Museum in Dortmund, das Gründer- und Unternehmermuseum in Mülheim/Ruhr oder auch das seit 2008 geschlossene Museum Achse, Rad und Wagen der Firma Bergische Achsen in Wiehl.

Schien die Pflege der Industriekultur zunächst einer notwendigen Neuausrichtung der Wirtschaft im Zuge des Strukturwandels im Wege zu stehen, so erweist sich mittlerweile an zahlreichen Standorten, dass Industriekultur in neue Nutzungskonzepte integrierbar ist. Ob nun Zechengelände wie Erin in Castrop-Rauxel, Ewald in Herten oder Holland in Wattenscheid oder das Gelände des Phoenix in Hörde, überall im Revier entstehen unverwechselbare Standorte von hoher baukultureller Qualität als attraktive Wohn- und Arbeitsstätten. Seit den 1980er Jahren entwickelte sich die Erhaltung von historischen Industriebauten zu einem regelrechten Boomsektor des Städtebaus. Nicht nur einzelne Objekte, sondern ganze Straßenzüge und Siedlungen, das enge Nebeneinander von Arbeiten und Wohnen, bilden Ensembles von hohem kulturhistorischem Wert. So stellen beispielsweise umgenutzte Wassertürme und Speicherbauten den progressiven Umgang mit der industriellen Vergangenheit einer Region unter Beweis.

Ähnliches ließe sich auch für Verkehrseinrichtungen wie die alten Hafenzentren in Duisburg, Düsseldorf und Köln anführen. Sie erlebten seit den 1990er Jahren eine erhebliche städtebauliche Aufwertung durch Architekturwettbewerbe und die Ansiedlung von Büro- und Wohnquartieren, Gastronomie und Einzelhandel, Museen und Galerien. Neben dem Düsseldorfer Medienhafen und dem Kölner Rheinauhafen übernahm der Duisburger Innenhafen als IBA-Projekt seit 1989 mit dem Museum Küppersmühle und dem von Dani Karavan gestalteten Garten der Erinnerung eine Vorreiterrolle.

Im Gegensatz zu der publikumswirksamen Aufbereitung der „toten" Industrie, etwa im Ruhrgebiet, erscheint die Einbeziehung der *Living Industry* in Kultur- und Tourismuskonzepte weiterhin ausbaufähig. Schließlich stellen mit Blick auf eine nachhaltige Regionalentwicklung Standorte und Marken des produzierenden Gewerbes eine ganz besondere, regionalspezifische Ressource dar, die stärker noch als touristische *Highlights* herausgestellt werden sollten. Als Beispiele für

Nordrhein-Westfalen seien etwa das Kölner Schokoladen-Museum (vormals Stollwerck), das 4711-Museum in Köln, das Miele-Museum in Gütersloh, die Oetker-Welt in Bielefeld oder die 2009 ins Leben gerufene Draiflessen Collection der Familie Brennickmeier (C&A) in Mettingen im Münsterland erwähnt, die als attraktive Museumsstandorte in unternehmerischem Umfeld jährlich Tausende von Besuchern anziehen.

Das jüngste Vorhaben der Dortmunder Stiftung Industriedenkmalpflege, sich mit dem gesamten Revier und seinen Denkmälern um den Titel Unesco-Weltkulturerbe zu bewerben, stößt dagegen auf den erbitterten Widerstand ortsansässiger Unternehmen. Weil er den Zukunftsstandort Ruhrgebiet gefährde, müsse der „fatale Trend zur Musealisierung der Industrie" gestoppt werden, heißt es in einer Verlautbarung an die Öffentlichkeit. Dabei verkennen die Unternehmer offenkundig die identitätsbildende Attraktivität, die von dem vorhandenen Potenzial des industriellen Erbes auch auf die öffentliche Wahrnehmung des Industriestandorts Nordrhein-Westfalen und seiner Unternehmen übergehen könnte. Denn wenn nordrhein-westfälische Unternehmen wie jüngst bei der ersten „Nacht der Industrie" im Oktober 2011 ihre Tore einem interessierten Laienpublikum öffnen, um eine „real existierende Industriekultur" zu präsentieren, können sie sicher sein, dass die Besucherinnen und Besucher nicht nur die aktuelle Produktion interessiert, sondern dass diese auch die Menschen an den Werkbänken und Schreibtischen und ihre Geschichte und Geschichten kennenlernen möchten.[222]

---

222 Vgl. *Unternehmerverband*, URL: <http://www.unternehmer-verband.org/aktuelles-termine/pressemeldungen/detail/article/fataler-trend-zur-musealisierung-der-industrie-im-ruhrgebiet-muss-gestoppt-werden.html> [letzter Zugriff: 18.11.2011].

Kapitel 8
Fazit und Ausblick:
„Wirtschaft ist Wandel"

Stärker als in anderen Bundesländern kommt der Wirtschaftsgeschichte des Rheinlands und Westfalens großes Gewicht bei der Herausbildung der Identität des Landes Nordrhein-Westfalen zu. Die Verfügbarkeit von Wachstumsressourcen und die Wahrnehmung des Wandels, also die Abfolge von Prosperität und Krisenhaftigkeit, von Erfolg und Misserfolg, bilden ein zentrales Alleinstellungsmerkmal und gehören zu den prägenden Erfahrungen der Akteure, der politischen Entscheidungsträger, der Verwaltungsbürokratie, der Unternehmerinnen und Unternehmer und der Arbeitnehmerinnen und Arbeitnehmer wie auch ihrer Familienangehörigen. Die Wirtschaftsgeschichte von Nordrhein-Westfalen und seiner Vorläuferregionen ist darum auch eine Geschichte von „Musterknaben und Sorgenkindern".

In der Öffentlichkeit wie auch im privaten Umfeld wird der wirtschaftliche Strukturwandel vielfach mit schmerzhaften Einschnitten verbunden, dem Verlust des Arbeitsplatzes etwa, für Viele eine „zweite Heimat", oder gravierenden Veränderungen des sozialen Gefüges und der Umwelt. All dies führt dazu, dass der Begriff des Strukturwandels ähnlich negativ konnotiert ist wie etwa der der Globalisierung. Die historische Perspektive mit ihren zeitlich übergreifenden Bezügen hilft

171

dabei zu relativieren. „Wirtschaft ist Wandel" und nicht allein deshalb kommt an der Wirtschaftsgeschichte des Landes als einer prägenden Größe niemand vorbei. Die nordrhein-westfälische Wirtschaftsgeschichte wurde lange gleichgesetzt mit düsteren Szenarien von Krise und Arbeitslosigkeit. Diese kreierten das Image vom „Auslaufmodell NRW", dem Land der „Altlasten", das im Wettbewerb mit den süddeutschen Flächenstaaten stets den Kürzeren zog.

Tatsächlich büßte das Land durch das strukturelle Revirement Millionen von Arbeitsplätzen ein, deren Verlust schwer zu kompensieren ist. Dennoch wird häufig übersehen, dass sich gerade auf dieser Grundlage hochmoderne und hochproduktive Unternehmen und Arbeitsplätze entwickelten. Das Land machte aus der Not eine Tugend, indem es auf der Basis seines reichhaltigen Erfahrungsschatzes im Umgang mit Primärenergien einen bedeutenden Produktions- und Entwicklungsstandort für Zukunfts- und Umwelttechnologien generierte. Die altindustrielle Prägung sorgte z. B. dafür, dass die ansässigen Bergbauzulieferfirmen ihr Know-how in alle Welt verkaufen, dass hochproduktive Stahlunternehmen vor Ort die neuesten Materialien und Verbundstoffe produzieren und Textilunternehmen eine spezialisierte Hochtechnologie liefern.

Der wirtschaftliche Wandel, der sich hier in all seinen Höhen und Tiefen abbilden lässt, ist die historische „Meistererzählung" des Landes Nordrhein-Westfalen. Anders allerdings als von den ökonomischen Vordenkern des 20. Jahrhunderts prognostiziert, führte dieser Wandel keineswegs linear von der Industrialisierung zur Deindustrialisierung. Vielmehr hat sich Nordrhein-Westfalen als Anbieter von industriellen Dienstleistungen mit forschungsintensiven Überlebens- und Umwelttechnologien „made in NRW" in den globalen Märkten positioniert. So gilt das Land immer noch vorrangig als Industriestandort, ist aber bereits heute „exzellent" in den Markt für globale Überlebenstechnologien eingebunden. Die Wachstumspotenziale gelten als beträchtlich, wenn man an die Nachholinvestitionen in einen umfassenden ökologischen Umbau der Wirtschaft z. B. in den USA oder in den sogenannten BRIC-Staaten, Brasilien, Russland, Indien und China, denkt.

Insofern brachte der Strukturwandel für den altindustriellen Standort nicht nur Krisen, sondern auch Chancen. Um die altindustriellen Reste haben sich Netzwerke neuer Produktionslinien, Produkte und Verfahren angesiedelt. Ein Schwerpunkt wird dabei auf die Fortentwicklung spezifischer Stärken im Bereich zukunftsfähiger und forschungsintensiver Produktions- und Umwelttechnologien, Materialentwicklung, Energie- und Antriebstechnik und *Health Care* zu legen sein, die adäquate Herausforderungen für das traditionsreiche deutsche Produktions- und Ausbildungsregime bilden.

Der Blick auf die Gesamtentwicklung zeigt somit, dass Nordrhein-Westfalen zwar später gestartet ist, aber insgesamt nicht schlecht abschneidet, wenn es um die Entwicklung von zukunftsweisenden Strukturen geht. Auffällig ist dabei, dass Zukunft in Nordrhein-Westfalen nicht „ohne" Vergangenheit gedacht werden kann. Dies unterstreicht der besondere Stellenwert der Industriekultur als wichtiges Profil des Landes. Denn „Wirtschaft schafft auch Identität", durch Betriebe und ihre Produkte, durch soziale Beziehungen zwischen Mitarbeitern, Vorgesetzten und Eigentümern und unter Kollegen, zwischen Werk und Umwelt. Dabei endet die Rolle von Unternehmen als „Agenturen der Sinnstiftung" (H. Berghoff) nicht an den Werkstoren. Vielmehr wird ihr Einfluss auf die regionale Identität bis heute unterschätzt. Schließlich prägen Unternehmen seit Jahrhunderten nicht allein durch ihre Produktpolitik die Wirtschaftskultur einer Region nachhaltig. Gattungsbegriffe wie „Solinger Messer" oder „Krefelder Seide" sind bis heute regionale Markenzeichen. Und warum sollten neben Kohle und Stahl aus Nordrhein-Westfalen nicht auch Persil-Waschmittel und Miele-Waschmaschinen als „emotionale Ankerpunkte" zur Identitätsbildung beitragen?

Insgesamt kann der unternehmerische Beitrag zur kulturellen und sozialen Identität einer Region und ihrer Bevölkerung nicht hoch genug veranschlagt werden. Dabei nutzten das heute so bezeichnete Konzept der *Corporate Identity*, der Unternehmensidentität, schon die rheinisch-westfälischen Industriepatriarchen des 19. Jahrhunderts, etwa, wenn sie die Anwohner der Werke und deren Familien zur Weihnachtsfeier in ihre Industriehallen einluden oder im Sinne einer heute so bezeichneten *Public-private-Partnership* Krankenhäuser, Kultureinrichtungen und Sportstätten stifteten.[223]

Und so verwundert es auch nicht, wenn gerade traditionsreiche Ruhr-Unternehmen heute stärker als je zuvor ihre „historische Mitte" suchen. Die ThyssenKrupp AG etwa eröffnete im Sommer 2010 auf dem ehemaligen Gelände der Krupp'schen Gussstahlfabrik das neue Verwaltungszentrum des Konzerns. Unter Einbeziehung des historischen „Stammhauses" entstand ein architektonisch und ökologisch höchst innovativer Komplex aus dem „neuen alten" Baustoff Stahl. Kurz vor dem 200-jährigen Firmenjubiläum könne dies, so die Konzernleitung, Krisen und Strukturwandel zum Trotz, als

---

223 Vgl. *Markus Raasch*, „Wir sind Bayer". Eine Mentalitätsgeschichte der deutschen Industriegesellschaft am Beispiel des rheinischen Dormagen (1917–1997). (Düsseldorfer Schriften zur neueren Landesgeschichte und zur Geschichte Nordrhein-Westfalens, 78) Essen 2007.

ein „[...] klares Bekenntnis [...] zum Standort NRW [...]"[224] angesehen werden.

Bei allen aktuellen Problemen und vor dem Hintergrund schwieriger Ausgangsbedingungen ist Nordrhein-Westfalen dabei, den anhaltenden Prozess des Strukturwandels zu bewältigen. Dies benötigt Zeit und Kraft. Dass das Land im Vergleich zu anderen Bundesländern erhebliche altindustrielle Hypotheken zu tragen hatte, sollte sich dabei durchaus günstig auf die Entwicklungsfähigkeit in Richtung einer industriellen Dienstleistungsgesellschaft auswirken. Dabei fördert der Standortvorteil in der Mitte Europas die Ausbildung einer internationalen Plattform für moderne Dienstleistungen, Verkehrs- und Kommunikationssysteme. Als ein traditionsreiches Modell für sektoren- wie auch grenzüberschreitende Integration und Austausch verfügt die nordrhein-westfälische Wirtschaft schließlich über hohe und weit zurückreichende Erfahrungswerte.

---

224 Rede von Ekkehard Schulz, Vorsitzender des Vorstands der Thyssen-Krupp AG anlässlich der Einweihung des ThyssenKrupp Quartiers (am 17.06.2010), URL: <http://www.thyssenkrupp.com/de/presse/themen_quartier.html> [letzter Zugriff: 13.07.2010].

Abbildungsverzeichnis